Buchners Schulbibliothek der Moderne

Christoph Meckel

SUCHBILD

ÜBER MEINEN VATER

TEXT & KOMMENTAR

Buchners Schulbibliothek der Moderne
Herausgegeben von Karl Hotz

Heft 21

Christoph Meckel
Suchbild. Über meinen Vater

Kommentiert von Ursula Segebrecht

Lektoriert von Gerhard C. Krischker

1. Auflage 1 5 4 3 2 1 2012 10 08 06 05
Die letzte Zahl bedeutet das Jahr dieses Druckes.
Alle Drucke dieser Auflage sind, weil untereinander unverändert, nebeneinander benutzbar.

Gesamtherstellung: Pustet, Regensburg

www.ccbuchner.de

ISBN 3 7661 3971 1

Inhalt

Vorbemerkung

Das Buch «Suchbild. Über meinen Vater» galt schon 1980, als es zuerst erschien, als literarische ‹Sensation›, und es erregt seither ein unverändert lebhaftes Aufsehen. Christoph Meckel stellt darin seinen Vater, den Schriftsteller Eberhard Meckel, als den ‹exemplarischen Fall› eines deutschen Schöngeistes und Intellektuellen dar, der sich in der Nazizeit blind und angepasst verhalten hat. Er steht damit für eine ganze Generation, die, ideologieanfällig und gewaltbereit, den ‹normalen Weg in den Faschismus› ging, der später verdrängt und verschwiegen wurde. Christoph Meckels Vater-Buch ist schonungslos und radikal, aber mit großer poetischer Kraft geschrieben. – Der Kommentar unterstützt die Texterschließung, lässt den Vater und die Mutter Meckels mit eigenen Texten zu Wort kommen, bietet Ausschnitte aus Meckels Buch über seine Mutter («Suchbild. Meine Mutter») und gibt einen Einblick in den literaturkritischen Kontext.

Bamberg, im Oktober 2005
Ursula Segebrecht

Of course all life is a process of breaking down
SCOTT FITZGERALD

Eine Menschheit, stolpernd in einem
Perlmutterdunst von Aberglauben und alten
Wörtern, zu unwissend, ihre eigenen Kräfte
voll zu entfalten
BERTOLT BRECHT

Die Scham, dass der Überlebende Recht hat
enthoben der Entscheidung
und mit dem Hochmut des Urteils!
GÜNTER EICH

I

Ich behalte das Glück der ersten Erinnerung.

Neben meinem Vater im DKW, vermutlich zu klein, um aus dem Fenster zu schauen, schnelles Fahren auf der Schöneicher Chaussee, hinter Friedrichshagen, im Osten Berlins. Das Wagendach geöffnet, ein heller Tag, ich legte den Kopf zurück und sah in den Himmel, dort flatterte Laub und schlug über mir zusammen, schwindelerregend, ein Schwirren von Schatten und Licht – während mein Vater das Auto lenkte, wiederholte Erinnerung, helle und dunkle Chausseen, Fahren in der Nacht, Mark Brandenburg, schnurgerade Chausseen und schnelles Fahren, Gefühl von Sicherheit und blindem Vertrauen, eine wunderbare Gewissheit in seiner Nähe.

*

Mit Zuverlässigkeit und Pedanterie verwaltete er die eigene Lebenszeit. Alles Gelebte zu den Papieren. Er archivierte.

Er sammelte und pflegte mit Feingefühl. Ordnete, stapelte, bündelte, legte ab und bewahrte auf. Erinnerte, sichtete, reinigte und hielt zusammen.

Spinneneifer setzte die Daten seiner Biographie zueinander in Beziehung und nahm sie zum Anlass für die beständige Frage, was vor sieben Jahren gewesen sei und was in wiederum sieben Jahren sein würde. Die Kopfschmerzen dieses Tages und Adalbert Stifters Geburtstag; das Weinglas dieses Abends und eine Zecherei in Blansingen vor zehn Jahren. Gleichermaßen konkret und irrational wurde dem Tageskalender Vergangenes als Folie unterlegt, wurde tote Zeit mit lebendiger Zeit verflochten. Seine Witterung für Vergangenes war untrüglich. Melancholische Verlebendigung.

Er sammelte Zeitungsausschnitte, Familienfotos, Rechnungen und Durchschläge aller Art. Er bündelte die Briefe seiner Familie, seiner Freunde und Bekannten, Gratulationen, Danksagungen, Rundschreiben und obskure Drucksachen. Über die nötige Aktenordnung hinaus sammelte er selbstverfasste Artikel und die Rezensionen anderer, seine Themen betreffend. Er hortete Hölzer, Steine und Trambahnbillette, sammelte die ersten oder letzten Ahornblätter des Jahres und ließ sie als Lesezeichen in Büchern zurück, versehen mit Datum und Ortsangabe. Er sammelte Bilder von Malern seiner Landschaft (Bizer, Scherer, Dinkelsbühler), Konzerteinladungen, Plakate und Ahnentafeln sowie Dokumente aller Art über Großväter, Tanten, Kusinen und ferne Verwandte. Er notierte die Todestage, Hochzeitstage, Geburtstage und Namenstage seiner Freunde, ihre Unfälle, Glücksfälle, Krankheiten und Telefonanrufe. Er verzeichnete die Todesursachen aller vom Hörensagen bekannten Leute und die Tode von Filmschauspielern, die er vor dreißig Jahren bewundert hatte.

Schubladen voll gebräunter Papierpakete. Er notierte Träume, Begegnungen mit Bekannten, die beiläufigen und die ERFÜLLTEN GESPRÄCHE, Ergebnisse von Tennisspielen, Schießübungen und Blutsenkungen. Er notierte Vollmondnächte und Sternfall, sammelte die Locken seiner Kinder, verzeichnete die Zahl getrunkener Schoppen und das tägliche Wetter: Hochdruck, Tiefdruck und Körperreaktion; Regen und Föhn und die entsprechende Stimmung. Wetterkataloge, gesammelter neige d'antan aus vier Jahrzehnten. Speisezettel, Waschzettel, Flugscheine, Hotelrechnungen und Kinoprogramme. Er sammelte schlecht getippte Marschbefehle, Programme von Kameradschaftsabenden während des Kriegs und Entwürfe für Hitlerfeiern in der polnischen Etappe. Er sammelte Fotos von Landschaft und Architektur und jedes Detail zur Geschichte seiner Provinz: Familienhistorien, Poeten und Großherzöge, Landkarten, Baudenkmäler und Goethes Nichten.

Lebenslange Sparbüchse aus Papier. Er ordnete immer neu und vernichtete wenig. Mit Zähigkeit archivierte er noch seine letzte Krankheit, Depressionen, Fieberanfälle und Schmerzattacken, Rezepte, Medikamente und Medikamentierung, Wirkung und Nebenwirkung von Cortison, die Namen seiner Ärzte und Krankenschwestern, die Reste seiner Hoffnung (in stolpernder Schrift) und den Blick aus dem Fenster des Krankenzimmers in einen Frühlingstag.

*

Die Welt meines Vaters ist die Landschaft Badens zwischen Karlsruhe und Basel. Das zieht sich am Südrand des Schwarzwalds rheinaufwärts nach Waldshut, Schaffhausen und Konstanz, von dort in nördlicher Richtung nach Donaueschingen, Tuttlingen, Rottweil und Balingen, über Hecklingen und Horb nach Freudenstadt, weiter nach Baden-Baden und Karlsruhe, dann wieder rheinaufwärts nach Straßburg, quer durch das Elsass nach

Colmar, Mulhouse und Belfort, zur Burgundischen Pforte und den Ausläufern des Jura. Sie umfasst den südlichen und nördlichen Schwarzwald, die Hochflächen der Baar nach Schwaben zu, das östliche Elsass und die nördliche Schweiz, den Oberrhein, den Kaiserstuhl, die Osthänge der Vogesen und die Breisgauer Bucht. Es ist die Landschaft Johann Peter Hebels sowie aller schwäbischen, helvetischen und französischen Varianten der alemannischen Sprache. Sie liegt im Zentrum der europäischen Geschichte, von Schweden erobert, von Frankreich und Österreich geprägt. Die Landschaft ist in allen Gegenden schön, sie gilt als eine der schönsten in Mitteleuropa, vielfältig, üppig, idyllisch und fruchtbar, nach Westen, Süden und Norden hin offen, von starken klimatischen Gegensätzen bestimmt. Ungeheuer der Einbruch des Südens im Sommer, der Sturz des Föhn in einer Februarnacht. Ungeheuer die Masse Schnee und die Last von Laub. Flussland, Gartenland, Weinland und Mittelgebirge. Es gibt Landwirtschaft, Viehwirtschaft und wachsende Industrie, Kalkwerke, Zementwerke, Glashütten, Brauereien und Holzverarbeitung aller Art. Es gibt Kurorte, Skisportzentren, Heilbäder und internationalen Tourismus in jeder Saison. Es gibt Kartoffeln, Spargel, Raps und Mais, Weizen, Hafer, Gerste und Sonnenblumen. Störche, Forellen, Kühe, Fasane, Wildschweine, Bienen und ein paar Auerhähne. Es gibt Rauchspeck, Most und hausgebackenes Brot. Es gibt unzählige Obst- und Bauerngärten, also Äpfel, Mostäpfel, Birnen, Pflaumen, Pfirsiche und Nüsse. Es gibt Astern, Lupinen, Malven und Wilden Wein. Der Juni ist rot von Rosen, Kirschen und Mohn. Es gibt Hölzer und Harze, Linden- und Tannenhonig, Brennnesseln, Tollkirschen, Disteln und Ginster, Farne und Moose in ungewöhnlichen Formen, Himbeeren, Brombeeren, Preiselbeeren und Blaubeeren, die essbaren und die giftigen Pilze, Linden, Buchen, Birken, Lärchen und Vogelbeerbäume. Es gibt die Tannen des Hochschwarzwalds und die Pappeln an den Altwassergräben des Rheins. Verschmutzte Flüsse und saubere Bäche, Naturschutzgebiete mit sehr seltenen Vögeln, Pflanzen und Orchideen. Vor allem andern gibt es den Wein. Es gibt die Markgräfler und die Kaiserstühler Weine, die Spätburgunder Weine und die Eisweine, es gibt zahllose seltene Lagen und des gibt die Fassweine der Gasthöfe auf dem Land. Es gibt den Gutedel kleiner Küfereien und den zum Export präparierten Kopfschmerzwein der großen Winzergenossenschaften. Es gibt den Katholizismus und die lokale Dialektpoesie von hinter den Wäldern und hinter dem Mond. Es gibt den Aberglauben, die Glockenspiele der Rathäuser und die christliche Weihnacht. Es gibt den Hochmut des provinziellen Dickschädels mit Begriffen wie SCHOLLE und BODENSTÄNDIGKEIT, und es gibt einen chronischen, vielfach ahnungslosen und beinahe gutartigen, oder aber hartköpfig-rustikalen Chauvinismus gegen Plattdeutsche, Franzosen, Burmesen, Kinder, Studenten, Protestsänger, Schweizer, Isländer, Juden, Spaghettifresser, Chilenen, Neger, Russen und Hergelaufene (der Chauvinismus hält sich in Grenzen, sofern die Genannten lokalen Boden nicht betreten). Es gibt das breitärschig-selbstgerechte Heimatgefühl mit Männerchören, Frauenchören, Kinderchören, gemischten Chören, Trachtenkapellen und Blaskapellen. Es gibt Feuerwehrvereine, Heimatvereine, Wandervereine, Mundartvereine, Stammtische und Frühschoppen jeder Provenienz. Es gibt ein paar hundert Hebelstuben mit Hebelbildern, Hebelsprüchen und ehrenamtlich hebelnden Oberlehrern. Es gibt die entwicklungsfeindliche Gesinnung für Grund und Boden, Besitz und Überlieferung, Anstand und Ordnung. Es gibt die Badische Zeitung, den Schwarzwälder Boten und eine beliebige Menge lokaler Blätter mit jeder redaktionellen Tendenz zwischen rosa, schwarz und bewährter Farblosigkeit. Es gibt Gymnasien, Universitäten, Botanische Gärten, Stadtbibliotheken und Weinbauinstitute, Volkshochschulen, Fachschulen, Baumschulen, Verlage, Theater, Museen, bedeutende Handelsfirmen und den Erzbischof. Es finden Parteitage aller Parteien statt, und es gibt die bewährte, begehrte Lebensart: Schwarzwälder Küche mit Schnitzelmassen in gemütlicher Stube. Es gibt Trinkerheilanstalten, Altersheime, Gefängnisse, Sanierungsgebiete, Jugendkriminalität, Trabantenstädte, Arbeitslosigkeit und alle ungelösten Probleme des Jahrhunderts. Es gibt eine immer noch billige Heimarbeit, die Reiseandenken und Strohschuhe produziert. Es gibt die gepachtete Luxusjagd, das Wochenendhaus reicher Leute aus der Schweiz, und es gibt, trotz allem, die erste erfolgreiche Bürgerinitiative gegen den Bau eines Atomkraftwerks. Nichts, außer dem Meer, wird hier vermisst, und das Vorhandene ist in Fülle da.

*

Im Zentrum der Provinz befindet sich Freiburg, Hauptstadt des Schwarzwalds, Landeshauptstadt Südbadens, tausendjährig, mittelstädtisch, charmant, an der alten ost-westlichen Salzstraße gelegen, am Kreuzpunkt zwischen Wien–Paris und Frankfurt–Zürich, Geburts- und Todesort meines Vaters, Anfang und Ende seiner Welterfahrung. Es gibt dort das Freiburger Münster, schönstes Bauwerk der Christenheit, Weltwunder des Abendlandes, einziger im Mittelalter vollendeter Dombau mit Posaunenengeln, Orgeln, Wasserspeiern und der leicht nach außen gewölbten Maßwerkspitze. Ein Luftangriff zerstörte die Stadt, das Münster blieb stehen. Seit dem Aufbau der Stadt ist das Münster in Gefahr. Die Luftverschmutzung zerfrisst den Stein, der rote Sandstein ist weich und schält sich ab. Die Restaurierung des Münsters, der Austausch von Steinen, ist seit Jahrzehnten in Gang und hört nicht auf. Der Bau wird nicht mehr ohne Gerüste zu sehen sein.

Mein Vater liebte die Münsterglocken (man hört sie an klaren Tagen bis in die Berge). In der Silvesternacht stand er am Fenster und hörte die Glocken, er hörte sie an allen Feiertagen, unterschied ihren Klang und kannte die Namen, Silberglöckchen, DUNKLER SUSANNENMUND. Er brauchte die Glocken, Betäubung durch Donner im Wind, Zerfall des Bewusstseins in Klängen und Luftkonzert. Über den Glocken wünschte er sein Grab, im oberrheinischen Wind, auf dem Oktogon. Das Münster war Mitte des ALEMANNISCHEN HEIMWEHS, Endpunkt aller Wünsche und Melancholien und Verkörperungen seines atmosphärisch bestimmten Katholizismus. Es war von Kindheit an ein Sinnbild des Trostes. Er suchte und brauchte den Trost, war süchtig nach Trost, er flüchtete in die Tröstung und träumte in ihr. Für beinahe alles, was ihm fehlte (heute denke ich, dass ihm fast alles fehlte), setzte er die unklare Sache ein; zu vieles wollte ihm jeweils tröstlich erscheinen. Schicksalsgläubigkeit und Weltvertrauen, Trivialelemente bürgerlicher Religiosität, waren seiner Generation überliefert, wickelten seine Jugend ein und hielten ihn lebenslang fest. Trost war das dunstige Merkmal dieses Glaubens, Trostbedürftigkeit ein schwacher Punkt seines Wesens. Mehr als Erkenntnis, Dialektik, Kritik brauchte er die Tröstungen durch das Gefühl. Er hielt sich an Strohhalme von Begütigung, suchte schmerzhaft das Erleben von Sehnsucht und verlangte nach rauschhafter Steigerung seines Empfindens (Orgeln, Orgeln, Orgeln und Chopin). Er suchte den Trost, den Ausgleich durch Trost, den alles versöhnenden, exemplarischen Trost (den fand er auch noch in der VERGÄNGLICHKEIT). Er wurde zum Trostapostel ohne Gefolgschaft. Sein Trostverlangen isolierte ihn, befremdete Leute mit aufgeklärten Köpfen und fand kein Verständnis in seiner Familie. Trostbedürfnis – vielleicht die Folge einer irrationalen und grundsätzlichen Kapitulation – war eine trübe Wärme und stieß mich ab. Er fand den zum Leben notwendigen Trost in Vorstellungen von Familie, Natur und Kunst, er fand sie vor allen Dingen in seiner Landschaft. Das war der Schwarzwald mit den hölzernen Höfen, die Klusen, Halden, Matten und Hochwälder dort, Geruch von Blätterfäulnis, geschälten Stämmen, die Silhouette des Belchen in Sonne und Schnee. Das waren die Dörfer im Sommer draußen, der Kaiserstuhl und die Obstgärten bei Kirchhofen. Ihn trösteten alte Brunnen und Kapellen, das Stöbern in einer Klosterbibliothek. Ihn trösteten Bräuche und Legenden der Landschaft, die Friedhöfe, Schlossparkmauern und Gasthausschilder. Ihn trösteten die immer wiederholten Spaziergänge nach Sölden, Horben oder Sankt Ulrich. Die Gräber seiner Toten trösteten ihn, die Gräber der Dichter und Hebels Briefe, die gemütlichen Versmaße des Poeten Pfeffel. Alles Vergangene tröstete ihn. Ein Sommerabend in Opfingen tröstete ihn und gab ihm zu leben. Er fuhr auf die Dörfer und ging über Land, und sofern ihm das den nötigen Trost verschaffte, war er, beruhigt, ein ansprechbarer Mensch. Die Kenntnis der süddeutschen Kunstgeschichte, eine fast erotische Nähe zu Holz und Stein, seine Freude, zu sehen und Gesehenes mitzuteilen, machten ihn unschlagbar an guten Tagen, die Verschwendung seines Wissens machte ihn sorglos. Altäre, Madonnen und Bauernmalerei wurden durch ihn und seine Erklärung lebendig. Er machte Reisen nach Amsterdam und Florenz, so genannte BAROCKREISEN durch den süddeutschen Herbst, besichtigte restlos alles Sehenswerte und kam als verwirklichter Mensch in seinen Alltag zurück.

*

Pittoreske Gestalten der Verwandtschaft. Juristen, Professoren und Generäle, kuriose Urgroßmütter und Schwarze Schafe. Krawatten und Schnauzbart tragende Honoratioren mit Kirchensegen, Pension und Ehedamen. Einer hatte Preußen nach Japan gebracht und die Armee des Tenno aufgebaut, ein andrer die Kinder am Esstisch ausgepeitscht. Irgendein Onkel malte die bayerische Jagd und irgendwer stammte von Goethes Mutter ab.

Sie spielten keine Rolle mehr, wenn die Rede auf meinen Großvater kam. Er ging als Scheusal durch die Familiengespräche. Sie illustrierten ihn als saturnischen Herrn, der seine Kinder verschlungen hatte. Die Kinder schmeckten ihm nicht und er spuckte sie aus. Mein Vater war ein ausgespucktes Kind.

Der Großvater galt als bedeutender Architekt (sein Vater war als Steinmetz und Architekt aus der Freiburger Münsterbauhütte hervorgegangen). Er hatte eine Sorte Beton entwickelt, die sich als ungewöhnlich haltbar erwies (sie widerstand den Bomben des Zweiten Weltkriegs). Der ochsenblutrote Fassadenanstrich war seine Erfindung. Er hatte den Frankfurter Römer restauriert, Verwaltungsgebäude, Kirchen und Brücken gebaut, das alles in maßvoll historisierendem Stil, ein Gemisch aus Sachlichkeit, Gotik und Barock. Der Meister präsentierte sich rigoros, ein herrisch-antideutsches Eisengesicht (sein Hass auf das Dritte Reich war rücksichtslos), respektierter Chef und von allen gefürchteter Mensch. Er lachte selten, allenfalls kurz und scharf, er liebte die eigene Würde und seinen Hund. Hinter ihm erschien seine Gattin als braves, im Haushalt eingesperrtes weibliches Wesen, das aufsichtführend und trostreich im Stillstand lebte. Mein Vater war das jüngste Kind, in ihrer Nähe fand er den ersten Trost. Das knapp gehaltene weibliche Wesen (sie war ein glückliches Weltkind) blühte im Alter zur lustigen Witwe auf. Sie gab ihr Vermögen für Süßigkeiten aus. Ich kannte sie als schwarz gekleidete Frau, ein harmlos-tyrannisches, dickes Familientier, mit Hutnadel, Haarnetz und gichtigen Fingern, die Bonbons an Freiburger Trambahnchauffeure verteilten.

Der Misanthrop zerbrach die Natur der Kinder. Seiner Missachtung entkam kein Mensch, es sei denn als Opfer. Mein Vater litt unter chronischer Lieblosigkeit und stotterte früh. Was immer er tat, seinen Vater zu überzeugen, wurde knapp und kalt mit Verachtung belegt. Zeitlebens warb er um ihn und erhielt kein Echo. Der war ein tadellos gekleideter Herr mit Gamaschen, Spazierstock und Hund an der Leine, der Eis und Ordnung walten ließ und seine Söhne im Keller verprügelte. Für ihn wurden Nüsse gehäutet und Pflaumen geschält. Die Erziehungsformel für seine Kinder hieß: Du bist nichts, du kannst nichts, mach deine Schulaufgaben. Sie kehrte wörtlich bei meinem Vater wieder, als er meine ersten Gedichte las.

Er fror im Schatten dieses frostigen Herrn. Er floh in die lebenslange Sehnsucht nach Landschaft. Er verdankte ihm eine demütige, fast unterwürfige Anhänglichkeit an Familie und Kindheit, ihre Gestalten und Orte. Er verdankte ihm sein Verfallensein an Heimat und eine unüberwindliche Lebensangst. Er verdankte ihm den Sinn für Prinzip und Strafe und den unbedingten Glauben an Autorität. Geschlagen kroch er aus dem Loch seiner Kindheit.

Ohne sein Wollen und Wissen, in schwächerer Form, imitierte er die Wesensart seines Vaters.

Die äußere Ansicht der Jugend schien ganz normal. Jahrgang 1907, zwei ältere Geschwister, bürgerliche Familie, gut situiert, respektables Leben. Ferien in Schwarzwälder Dörfern und in der Schweiz. Wechsel von Gasbeleuchtung zu elektrischem Licht, der erste Zeppelin und die erste Tram. Der Erste Weltkrieg, exotisch in der Provinz, mit ein paar Bomben, Soldaten und Paraden. Sein Vater wurde im Elsass stationiert, auf einer Reise zu ihm sah er erstmals Zerstörtes: ein ausgebranntes Haus, ein zertrümmertes Fahrzeug. Bewunderung und Angst: Der Krieg war unheimlich. Jugendliebe, Gymnasium, ein Sommer am Meer, dann Internat in einer badischen Landstadt. Schulerziehung katholisch und national. Erfolge auf Fußballplätzen und einsame Wege. Jugendstreiche, halbstarke Eskapaden. Starke Empfindlichkeit für die Natur. Neigung zu Schwermut, Idyllik und Träumerei. Frühe Herzattacken und häufiges Kranksein. Poetische Lektüren im Gartenhaus.

Die Jugend eines Begabten in der Provinz.

*

Freiburg, schöne Stadt in den Jahreszeiten. Speck und Wein im REBSTOCK am Vormittag. Der Münstermarkt und die Schwarzwälder Blumenfrauen, an Feuereimern sich wärmend im Wintermorgen. Die Apfelberge und die Kartoffelfuhren, der Obstgeruch im Nebel, die klickernden Nüsse. Gurgelnde, spuckende, widerhallende Brunnen, lautlose Straßenbäche und brausende Bäume. Die belaubten Treppen am Schlossberg, die Friedhofsplatanen, der fuchsfeuerrote Herbst im Colombipark. Die Mozartmessen im Münster, die Litaneien, metallisch zwitschernde Orgeln, ihr Brummen und Pfeifen. Sechzehnstimmiges Dröhnen der Münsterglocken, schaukelnder Schall im Föhn, im Westwind, im Schnee.

II

Er kam 1929 nach Berlin, heiratete 1931 und lebte mit seiner Frau in verschiedenen Wohnungen, ein paar Jahre lang am Laubenheimer Platz, einem Wohnviertel der literarischen Bohème, in der Nachbarschaft von Peter Huchel und Martin Kessel (auch Tucholsky hatte dort eine Weile gelebt). Er war mit Peter Huchel und Günter Eich, mit Martin Raschke und Horst Lange befreundet. Man fuhr im DKW meines Vaters (Günter Eich und er waren die ersten Schriftsteller ihrer Generation, die eigene Wagen besaßen) an langen Wochenenden in die Mark. Man ging an Seeufern spazieren und sprach über Verse, kletterte in vergitterte Parks und blickte mit Ferngläsern in die Schlösser. Man traf sich in Kneipen am Alexanderplatz mit Frauen und Freunden, das private Leben schien ziemlich sorglos zu sein, er war jung und ahnungslos und erhoffte viel. Man reiste nach Weimar und besichtigte das Goethehaus, besuchte Martin Raschke in Dresden und machte gemeinsame Autofahrten nach Sachsen und Zinnwald. Schön war eine Reise mit Günter Eich durch den fränkischen Herbst. Er war mit der Langgässer gut bekannt, hatte Becher, Brecht und Benn aus der Ferne gesehn, verdiente am Berliner Funk mit Hörspielen, Buchkritik und szenischen Bearbeitungen verschiedener Klassiker. Man besuchte Huchel in Michendorf auf dem Land, feierte Feste und führte die erstgeborenen Kinder vor. Mehrmals verbrachte er ein paar Sommerwochen im Ferienhaus Günter Eichs an der Ostsee. Huchel, Eich und mein Vater in den Dünen von Prerow. Das Hafergras ging in die Verse ein, der Regen, die Sterne und was sie für zeitlos hielten. Sie arbeiteten gemeinsam, spielten Tischtennis und lasen sich abends neue Gedichte vor.

1937 baute mein Vater ein Haus. Er kaufte ein billiges Grundstück im Osten Berlins und war stolz, in kurzer Zeit und mit wenig Geld ein Haus nach eignen Entwürfen errichtet zu haben. Es stand am Waldrand von Schöneiche, weiß, mit weiß-rot gestrichenen Läden und spitzem Giebel (der im Dritten Reich vorgeschriebenen ARISCHEN BAUWEISE), war von Garten, Gras und Bäumen umgeben, gegenüber befand sich der Waldrand mit Birken und Fichten, dahinter die östliche Ebene zur Oder hin, platt und endlos unter dem Luftmassiv, mit Äckern, Mergelgruben und alten Chausseen (das preußische Katzenkopf-Pflaster war noch intakt). Ein Weg mit Sonnenblumen führte zum Haus, und es gab einen Sandkasten für das Kind. Eine Gartenlaube war für den Sommertag da. Das alles sah friedlich, erfreulich und haltbar aus. Im Nachbarhaus war die Frau von Tucholsky versteckt, aber das erfuhr man erst nach dem Krieg.

Ich habe meinen Vater oft gefragt, was die dreißiger Jahre für ihn waren und wie er lebte, vor allem: was er und seine Freunde dachten, und keine besonders erhellende Antwort bekommen. Während Brecht, Döblin und Heinrich Mann emigrierten, Loerke und Barlach in Deutschland zu Tode erstickten, während Dix und Schlemmer in süddeutschen Dörfern untertauchten, Musiker, Wissenschaftler und Regisseure verschwanden, Kollegen diffamiert, verfolgt, verboten, Bücher verbrannt und Bilder beschlagnahmt wurden, schrieb er ruhige Verse in traditioneller Manier und baute ein Haus, in dem er alt werden wollte. Der Exodus von Juden, Kommunisten und Intellektuellen, das plötzliche oder allmähliche Verschwinden der gesamten Avantgarde schien von ihm kaum zur Kenntnis genommen zu werden. Während die SA marschierte, der Reichstag brannte, er selber Zeuge von Deportationen war (ein Kommando verhörte auch ihn und durchsuchte die Bücher), schrieb er weiter Erzählungen und Gedichte, in denen sich die Zeit nicht bemerkbar machte. Er stand mit dieser Haltung nicht allein. Allerlei Literaten seiner Generation (eine ganze Phalanx der jüngsten Intelligenz) lebten erstaunlich zeitfremd weiter. Man kapselte sich in Naturgedichten ab, verkroch sich in die Jahreszeiten, im Ewigen, Immergültigen, Überzeitlichen, in das Naturschöne und in das Kunstschöne, in Vorstellung von Trost und in den Glauben an die Hinfälligkeit zeitbedingter Miseren. Er war ehrgeizig, sportlich, gesund und ohne Erfahrung und hatte einen Namen zu gewinnen. Günter Eich hatte Sinologie in Paris studiert und Huchel war jahrelang durch Europa gereist, aber er hatte nur in Deutschland gelebt und nichts als deutsches Geistesleben erfahren. Mit keinem Gedanken und keinem Wort verließ er den Umkreis einer verfestigten, geistesgläubigen, deutschliterarischen Bürgerlichkeit. An Flucht oder Landwechsel wurde nicht gedacht. Es ist nicht anzunehmen, dass zwischen ihm und den Freunden von Emigration die Rede war. Eine Notwendigkeit schien nicht vorhanden. Sie konnten leben, hatten Familie und Haus, wurden beruflich kaum in Frage gestellt noch aus Gründen der Herkunft oder Gesinnung verfolgt. Sie hatten soeben mit der Arbeit begonnen, sich eingerichtet im ersten, bescheidenen Erfolg, in dichterischer, beruflicher und privater Selbstgewissheit, außerhalb Deutschlands hatten sie keine Chance, waren überhaupt zu jung und besaßen keinen Namen, der ein Dasein in anderen Sprachen getragen hätte. Mein Vater lebte unbehelligt im Dritten Reich, lebte blind in die kürzer werdende Zukunft, betonte Widerwillen, Verachtung, Stolz und vertraute machtlos auf die Macht des Geistes. Alles Weitere überließ er dem Schicksal. SCHICKSAL – der Begriff stand kostenlos zur Verfügung und war ihm in die Wiege gemurmelt worden. Aufdringlich, dumpf und unabwendbar stand die Begriffswelt des deutschen Idealismus in den dreißiger Jahren herum, wurde von Staatspropaganda aufpoliert, verdeckte ganz andere Weltbilder und ließ sich – nach persönlichem Bedarf – zu erstaunlich dichten Scheuklappen umarbeiten. Er war, wie auch Martin Raschke, durchaus nicht unempfindlich für die ATMOSPHÄRE des nationalsozialistischen Fortschritts, aber er war und blieb außerstande, die reale Politik zu erkennen. ICH LEBE DEN AUGENBLICK, ICH LEBE DEN TAG. Die Naturlyrik richtete sich in der Laubhütte ein, aber die Laubhütte stand auf eisernem Boden und war von Mauern aus Stacheldraht umgeben.

Mitte der dreißiger Jahre machten Huchel, Eich und mein Vater eine Autotour nach Wiepersdorf. An den Ausläufern des Fläming, am Rand des märkischen Dorfs, liegt das Stammschloss der Familie Arnim. Achim von Arnim und Bettina Brentano hatten dort vor 100 Jahren gelebt, ihre Gräber befinden sich auf dem Schlossgelände, ein schöner Schauplatz der deutschen Romantik mit Stallung, Orangerie und verwildertem Park. Es war ein heller, zeitloser Tag im Sommer. Jeder der drei versprach, ein Gedicht zu schreiben, das WIEPERSDORF heißen und den gemeinsamen Tag zum Gegenstand haben sollte. Das Gedicht meines Vaters ist nicht erhalten, die Gedichte von Eich und Huchel wurden berühmt: DEM LEBEN WIE SIE'S LITTEN, / AUFS GRAB DER BLUME LOHN: / FÜR ACHIM MARGERITEN / UND FÜR BETTINA MOHN! Und Huchel machte daraus ein Herbstgedicht mit dem herrlichen Anfang: WIE DU NUN GEHST IM SPÄTEN REGEN / DER MOND UND HIMMEL KÄLTER FLÖSST / UND AUF DEN LAUBVERSCHWEMMTEN WEGEN / DEN RISS IN DIE GESPINNSTE STÖSST –

*

Von 1929 bis 1932, in drei Jahrgängen, gab Martin Raschke eine monatlich erscheinende Zeitschrift DIE KOLONNE heraus («Zeitung der Jungen Gruppe Dresden»). Sie war das einzige Forum der jüngsten Generation, wirkte vor allem nach Berlin und enthielt Gedichte, Prosa, Buchkritik und Diskussionen zur Lage der Literatur. In ihr publizierten Huchel, Lange und Eich, mein Vater veröffentlichte dort seine ersten Gedichte. DIE KOLONNE wurde zum Ausgangspunkt einer Poesie, die während des Dritten Reichs und danach als NATURLYRIK bestimmend war. Nach dem Ende der Zeitschrift setzte sich die Freundschaft der Dichter fort. DIE KOLONNE und mehr noch die Freundschaft verschiedener Autoren stellte in Ansätzen so etwas wie die Atmosphäre einer Inneren Emigration dar. In privaten Gesprächen wurde Verneinung laut, Rückzug aus der Zeit in die Poesie.

Die jungen Dichter stammten aus der Provinz, brachten ihre Landschaften nach Berlin und etablierten sie in der Literatur. Günter Eich kam aus dem Oderbruch und Horst Lange aus Schlesien. Sie brachten die Weite östlicher Ebenen mit, Kargheit und Unruhe großer Flusslandschaft. Huchel brachte die Mark Brandenburg, Raschke das Erzgebirge und mein Vater den Schwarzwald. Alle brachten Erde und Jahreszeit, das Dasein, Verborgensein, Atmen in der Natur. Unprogrammatisch, poetisch-intuitiv, zeigte sich bei den meisten dieselbe Tendenz: fort von Epoche und Zivilisation, fort von Politik und Psychologie. Die Liebesgedichte hatten mit TRAUM und GESICHT, aber wenig mit Erotik und nichts mit Geschlecht zu tun. Naturwissenschaften und Technik kamen nicht vor. Kollektiv und Gesellschaft existierten nicht. Zusammen mit Raschke schrieb Eich für den Funk die MONATSBILDER VOM KÖNIGSWUSTERHÄUSER LANDBOTEN.

Bert Brecht war für Eich der Dichter des BAAL und Gottfried Benn eine ferne Faszination. In Landschaftsmotiven und ihrer sprachlichen Stille verbarg sich naturromantische Anarchie (bei meinem Vater vermutlich die Sehnsucht nach Ruhe). Das war nach dem Ende der expressionistischen Ära, nach Arbeiterdichtung und kosmischer Poesie, nach Welt- und Asphaltliteratur eine neue Tendenz (den ASPHALTLITERATEN hatte Goebbels gestiftet und zur Verfolgung freigegeben). Sie entsprach der vertieften Innerlichkeit der dreißiger Jahre und war für BLUT UND BODEN prädestiniert. Mein Vater und Raschke stellten ihre Provinz auf den deutsch-nationalen Boden; Eich, Huchel und Lange hielten sie davon frei. Huchel galt, und wollte gelten, als reiner Poet. Lyrische Elementarkraft, früh vollendet, an Theorie oder These nicht interessiert, phlegmatische Erscheinung, zurückgezogen, ein freundlich-melancholischer Bohémien, der allerhand Leben in Frankreich hinter sich hatte. Er kam aus ländlichem Proletariat, war unter Tagelöhnern, Kesselflickern und Pächtern, Knechten und Mägden aufgewachsen, und das sichere Gefühl für Gerechtigkeit machte ihn immun gegen jede Parole. Er sah und hörte die ZWÖLF NÄCHTE kommen. In der KOLONNE, und später unter den Freunden, war er der einzige, der vom Marxismus etwas wusste (schläfriges Blinzeln mit dem linken Auge). Am schärfsten schrieb Eich von der Skepsis gegen die Zeit. Der indifferent erscheinende Mensch, verschlossen, zögernd, KLEINBÜRGERLICHER CHINESE, zog sich am deutlichsten auf sich selbst zurück. «Verantwortung vor der Zeit? Nicht im Geringsten. Nur vor mir selber.» Und: «Man kann vom Regen sagen, er fördere das Wachstum der Pflanzen, aber niemandem wird es einfallen, deswegen zu behaupten, das sei die Absicht des Regens. Die Größe der Lyrik und aller Kunst aber ist es, dass sie, obwohl vom Menschen geschaffen, die Absichtslosigkeit eines Naturphänomens hat.» Er lehnte Einmischung des Staats in die Kunst (und Antwort des Dichters auf Fragen der Politik) sowie jede ideologische Forderung ab. Für zeitbedingte und propagandistische Sprache war, wie er schrieb, kein Platz in der Poesie. Aber es war auch keine Rede von SCHICKSAL. «Was ist das Wesentliche einer Zeit? Doch wohl nicht ihre äußeren Erscheinungsformen, Flugzeug und Dynamo, sondern die Veränderung, die der Mensch durch sie erfährt. Wer von uns aber weiß schon heute, wohin wir uns verändern; wer erkennt schon heute, in welchen Gedanken, in welchen Dingen sich unsere Zeit am deutlichsten ausdrückt? Wenn man verlangt, die Lyrik solle sich zu ihrer Zeit bekennen, so verlangt man damit höchstens, sie solle sich zum Marxismus oder zur Anthroposophie oder zur Psychoanalyse bekennen, denn wir wissen gar nicht, welche Denk- oder Lebenssysteme unsere Zeit universal repräsentieren, wir wissen nur, dass das jede Richtung und jede Bewegung von sich behauptet.»

Problematische Selbstisolierung des lyrischen Ich. Sie führte bei Eich und Huchel dazu, dass sie immer weniger schrieben und schließlich keine Lyrik mehr publizierten. Man setzte sich ab, unter Freunden, privat und passiv, und schien mit Naturpoesie eine Atmosphäre geschaffen zu haben, in der man sich von der offiziellen Literatur des Dritten Reichs unterschied. Der Krieg brach herein, für viele naturgewaltig. Er zerfetzte die Illusion von der unabhängigen Kunst. Erkenntnis, Schock, Entsetzen kamen zu spät. Nach den Einberufungen verödete die Laubhütte. Alle Schriftsteller wurden eingezogen, verloren sich aus den Augen und Raschke fiel. Aber fast bis zuletzt blieb man schöngeistig auf der Höhe. Mein Vater, Raschke und Lange schrieben weiter (wie die meisten Autoren ihrer Generation), ohne Schwierigkeit, ihre Bücher zu publizieren. Den geringsten Widerstand machte Martin Raschke. Als Berichterstatter während des Kriegs, und bevor er an einem Bauchschuss starb, schrieb er «An einen Freund» im INNEREN REICH: «Nun ist ein großes Feuer angezündet. Der Ofen des Schicksals, der manchem nur als eine Molochopferstätte erscheinen will, glüht wie lange nicht. Du vertrautest dem Brande an, was Du geformt hast, alle deine schönen Gefäße, was Du über den Tod denkst und was über die Schönheit, was über die Wiedergeburt und was über die Bedeutung der Künste, und hoffst, das Feuer möge sie brennen und unzerbrechlich machen. Fuhren wir nicht alle mit dem Töpferwagen voll ungebrannter Ware umher und wussten nicht so recht, was die einzelnen Gefäße taugten und wozu sie gut waren? Nun hat sie das Feuer. Wie vieles wird in der Glut zerspringen! Aber was wir wiedererhalten, Freund, wird wie ein Kristall sein, den Feuer und Dunkel der Erde bildeten, eine Münze, die sich niemals ausgibt, ein wahres Glückshütlein Fortunas. Es werden die wahren Werte sein. Nein, wir sind keine Hänse im Glück, die allen Ballast leichtfertig von sich warfen und nun fürchten müssen, dass der Sturm, der weht, sie fortblasen wird von diesem launischen Erdball. Wir hatten nur den Mut, uns dem Feuer anzuvertrauen, worunter ich nicht allein den Kanonendonner verstanden haben will, sondern jegliches Ja zur segnenden Hand auch des furchtbarsten Schicksals. Was in uns ist an Dauerndem, wird in der Flamme bestehn.» (1943)

*

Die Rabenpresse von Victor Otto Stomps war ein literarisches Zentrum der dreißiger Jahre in Berlin. Die Verlags-Etage am Landwehrkanal war berühmt für Feste, Räusche und Leierkästen, die Atmosphäre genialisch und unzeitgemäß, eine heimliche Anarchie, die das Dritte Reich unterlief. Die NSDAP schien das nicht zu bemerken. Dort las Oskar Loerke seine Gedichte vor (er war der letzte Große, den man noch sah), dort wurden Verse der Gertrud Kolmar gedruckt.

Der WEISSE RABE Stomps, ein unanfechtbarer Mensch, verlegte die ersten Gedichte junger Poeten (auch ein Heft mit Versen meines Vaters erschien), dann immer mehr andere, die nicht gedruckt worden wären. Munkepunke, Max Hermann-Neisse, neue spanische Poesie, Gedichte von Mombert und jüdischen Emigranten. 1939 kam ihm die Nazipresse auf die Spur, er wurde zum Verkauf des Verlags gezwungen. Mit Privatdrucken setzte er seine Arbeit fort, die wenigen Exemplare wurden an Freunde verschenkt.

Das Ende der Rabenpresse kam mit dem Krieg. Der Weiße Rabe wurde eingezogen und machte Karriere. Er verschwand als Oberstleutnant im vaterländischen Krieg. Offizier war auch Georg von der Vring. Das waren keine eisernen Patrioten, ihr Abscheu gegen das Dritte Reich war echt. Aber sie bejahten das Militär, militärische Tugenden standen außer Zweifel, die Ehre des deutschen Soldaten war unantastbar. Romantisierung preußischer Tradition, bündische Jugend und verschleppte Ideale – sie waren kritiklos im deutschen Wesen zu Haus. In der Kaserne fühlten sie sich nicht schlecht. Ich sprach mit beiden, Stomps und von der Vring, Individualisten, LIEBLICHE BERGE vielleicht, und konnte nur erfahren, dass es so war: Militärkarriere und Rückzug in schöne Verse – gespenstische Ambivalenz einer Generation.

*

Auszüge aus den Notizen meines Vaters (I)

Rede Hitlers: So ein Mensch steht an der Spitze Deutschlands. (10. 2. 33)

Reichstag von den Kommunisten in Brand gesetzt. Düstere Revolutionsstimmung und Spannung in der Luft. (28. 2. 33)

8 Uhr. Polizeiabsperrung am Laubenheimer Platz. Haussuchung auch bei uns. Verhaftung von Kommunisten. Revolutionsstimmung. (15. 3. 33)

Abends ein wirklich bezaubernder Abend mit Wilhelm Schäfer im Kreise der HJ. Hier war etwas vom besten Geist der Jugend zu spüren. (23. 1. 38)

Wunderbarer Abend mit Carossa im Harnack-Haus. (8. 2. 38)

Ahnung dunkler Dinge. (1. 4. 38)

In die Stadt gefahren, Bücher, Rundfunk, Zeitungen usw. Regen und Nässe, unangenehme Stimmung vor allem in der Alexanderplatzgegend, Mob gegen jüdische Geschäfte. (24. 6. 38)

Jüngers WÄLDCHEN 125 *ausgelesen, unerhört gepackt von dieser hohen geistigen Erfassung des Krieges und den erschütternden Schilderungen. Jünger ein wunderbarer Kopf. (28. 6. 38)*

Ein Mann der Partei da, der Auskunft über mich will und mich in die Partei holen möchte. Abgelehnt. (9. 9. 38)

Mit G. telefoniert. Ernstes Gespräch über unsere Haltung zum Krieg. Wer, wenn nicht wir, stirbt anständig? (14. 9. 38)

Rede Hitlers gehört. Erschüttert von der unwürdigen Atmosphäre, von der säbelrasselnden Art des Worts. (26. 9. 38)

Will Hitler den Krieg? Es ist ein ekelhaftes, lautes Säbelgerassel bei uns. Wo die Würde und noble Geste? (12. 10. 38)

Abends B. da, zu mancherlei guten Gesprächen: Wir wurden uns einig, dass Volk im Grunde etwas Verächtliches sei, weil es ja geistig doch stets Masse bleibe. Ich sehe immer wieder, wie wunderbar es ist, mit Goethe etwa zu leben. (2. 1. 39)

Abends die Hitlerrede im Rundfunk gehört, gut, vielseitig und kraftvoll. (30. 1. 39)

Ansonsten spricht alles vom Krieg. Mir ist es gleichgültig, ich habe den Augenblick, von Politik wird nicht gesprochen. (25. 5. 39)

Morgens 6 Uhr, durch Warnton geweckt, höre ich eben im Runkfunk, dass Krieg ist. Ich bin gefasst und ruhig, denke an die Frau und die Kinder und vereine auf sie alles Glück und alle Freude in Wünschen, die nunmehr für mich hinfällig zu werden scheinen. (1. 9. 39)

Niedergeschlagener Tag. Der Entschluss, nichts, kein Wort, keine Zeile zu schreiben, was aus diesem Krieg Nutzen zieht oder ihm dient. (26. 10. 39)

*

Die Zukunft war bereits ein paar Jahre alt und schien sich für ihn in erträglichen Grenzen zu halten. Er schrieb Gedichte, Erzählungen, anekdotische Prosa (die Anekdote galt in den dreißiger Jahren als seriöse literarische Form) und veröffentlichte Bücher bei Cotta und im Inselverlag. Wenigstens einmal in der Woche fuhr er zum Funk und holte sich Aufträge. Er verfasste LITERARISCHE PORTRAITS der vom Staat belorbeerten NS-Autoren Hans Grimm, Hanns Johst, Guido Kolbenheyer und Wilhelm Schäfer, nahm an den jährlichen Schriftstellertreffen in Weimar teil und hatte dort (wie auch später während des Kriegs) GUTE UND ERGREIFENDE BEGEGNUNGEN mit Wilhelm von Scholz, Carossa,

Weinheber, Hans Grimm, Agnes Miegel und Ina Seidel, Waggerl, Wiechert und dem alemannischen MORDBARDEN Hermann Burte. Er publizierte in Anthologien der Zeit, zusammen mit Schriftstellern, die vergessen sind: Otto Brues, Fritz Diettrich und Adolf Georg Bartels. Er war mit Georg Britting, Albrecht Goes und W. E. Süßkind befreundet, verehrte Ernst Jünger und bewunderte die Lyrik Josef Weinhebers. Der heroisch tönende Klassizismus Weinhebers bestätigte die eigenen Intentionen, ihre technische Perfektion war vorbildlich.

Die schwindelerregend verschwommene Begriffswelt der kulturellen dreißiger Jahre wie ERBE, KLASSIK, VOLK und SCHRIFTTUM ALS GEISTIGER RAUM DER NATION wurde noch einmal – auch von ihm – mit gutem Glauben aufgeladen. Das Edle (des Menschenbildes) galt ihm für wahr und das Schöne (der Sprache) als unantastbarer Wert. Er sah sich als Erbe und NACHFAHR des deutschen Geistes und war sich darin mit Martin Raschke einig. «UNS ALS ERBEN», schrieb Martin Raschke, «und anders wollen wir uns nicht nennen, bleibt nur das ängstliche Bewahren des Überkommenen».

GLOTZT NICHT SO ROMANTISCH! Als ein Transparent mit diesem Satz in ein Stück Bert Brechts herunterschwebte, wurde das als ästhetische Provokation, als fabelhaft frecher Einfall begrüßt, aber nicht als Aufforderung zur Kritik verstanden. Er blickte weiter romantisch vor sich hin oder ungewöhnlich weiter hinter sich zurück. Da lebte er bereits in der Defensive, war von der Macht verplant (KANONENFUTTER) und ahnte nichts. Politische Literatur schien er kaum zu lesen, das Kommunistische Manifest stand nicht in seiner Bibliothek. Die neuere Weltliteratur nahm er kaum zu Kenntnis. Er lebte, dachte, träumte und schrieb, als habe es immer nur Goethe und Deutschland gegeben. Sozialismus und Russische Revolution, Spartakusbund und Spanischer Bürgerkrieg, die Ermordung Rathenaus und der Fall Ossietzky, die Moskauer Prozesse und der italienische Faschismus, Arbeitslosigkeit und Antisemitismus – für ihn schien das alles niemals ganz wirklich zu werden. Der Kommunismus schien niemals in sein Blickfeld geraten und bejahend oder verneinend erörtert worden zu sein. Er kam in seinem Haushalt ganz einfach nicht vor. Falls er dergleichen doch zur Kenntnis nahm, sah er es überblendet (oder vernebelt) mit der Optik des bürgerlich-liberalen Ästheten, den Geschichte und Weltgeschehen kaum betrafen.

Aber auch Naheliegendes, Literatur – die expressionistischen und dadaistischen Explosionen, Majakowski und die sozialistische Poesie, die literarisch-ideologischen Diskussionen der Zeit (Marinetti, Tretjakow, Benn etc.), die Kongresse zur Verteidigung der Kultur, der französische Surrealismus, die neue Dichtung Spaniens und die amerikanische Literatur (vieles war übersetzt und weiterhin greifbar) – er schien das alles nicht gebrauchen zu können. Über Politik wurde kaum gesprochen, das war keine Seltenheit in den dreißiger Jahren. Gespräche darüber waren nicht opportun. Politik war das Geschäft anderer Leute, alles in allem ein schmutziger Zauber, man hielt die Räume des Geistes davon frei. Hitler war ein Skandal für das Vaterland, Popanz, lärmender Falschgeist, der Deutschen nicht würdig (sie hatten bessere Erneuerer verdient). Die ganze braune Richtung war viel zu geistlos, als dass er sich ernsthaft mit ihr beschäftigt hätte. Die Partei war abscheulich, vulgär und kam nicht in Frage – aber nicht aus politisch-kritischer Einsicht, sondern aus Gründen ihres politischen Stils. Ihm gefiel der Stil der neuen Machthaber nicht. Ihr Auftritt war grölend, rasselnd, würdelos und zerstörte die edelsten Werte der deutschen Kultur. Das ließ sich mit Goethe und Heimatland nicht verbinden. Wer von den Freunden in die Partei eintrat, wurde durch Gelächter veranlasst, wieder auszutreten. Wer trotzdem Parteimitglied blieb, saß noch mit am Tisch. Er war von NS-Literaten umgeben und schien keinen Wert auf genaue Distanz zu legen. Die MACHT DES GEISTES war noch gewiss und Kunst das Hauptgeschäft eines würdigen Lebens. An Ideologie kam er nicht heran, wurde von ihr nicht erreicht noch in Frage gestellt. Er war entschlossen, nichts für den Staat zu tun. Die Kritik, die er äußerte, schien sich in Grenzen zu halten. Die Auftritte der SA waren empörend, ihre Uniformen geschmacklos und lächerlich, die Judensterne eine Zumutung und was mit den Juden geschah («man erfuhr nichts davon») fatal oder peinlich. Betäubt von der Ausdünstung nationaler Klischees, ideologisch bewusstlos und nicht interessiert an den ökonomischen Grundlagen der Epoche, verlor er sich immer tiefer in die Idee von der Würde des Geistes in würdeloser Zeit.

Er gehörte zu einer unpolitischen Generation, rechnete sich zur Elite des Geistes und war doch nur der typische Epigone, von verbrauchten Ideen über die Gegenwart hinweggetragen, ein schlecht geflügelter Höhenflug, der ihn weiter in die Verengung trieb. Von der eigenen Enge schien er nichts zu ahnen. Er war nicht der einzige Blinde unter den Freunden, und er war nicht der einzige, der getragen wurde. Er war umgeben von Trägern, noch mehr von Getragenen, er war zu Tausenden von ihnen umgeben. Als MANN DES GEISTES saß er aufrecht in der herrenmenschlichen Sänfte und ließ sich gleichsam in die Kaserne tragen. Im Kasernenhof wurde er aus der Sänfte geschmissen, würdig und aufrecht ging er weiter zu Fuß, flüchtete in Pflicht- und Leidenshaltung und steigerte sie und sich selbst bis zum Opfergedanken. Die Formel Weinhebers: «Adel und Untergang» bezeichnete, was auch er zu erwarten schien: die Vernichtung des würdigen durch den unwürdigen Deutschen.

In der Zeit vor dem Krieg ließ sich nicht länger übersehen, dass er in einer Diktatur lebte. Er lieferte seinen Ariernachweis und schien die Sache noch als Farce zu empfinden. Die ATMOSPHÄRE wurde gefährlich. Er erhielt wiederholt Besuch von zivilen Personen, die ihn in die Partei verpflichten wollten – er lehnte ab. Er wies die erwünschte Mitarbeit an der KULTURPROPAGANDA der NSDAP zurück. REICHSSCHRIFTTUMSKAMMER war keine Verführung für ihn. Es gab in Schöneiche einen Blockwart, der ihn beobachtete, einer von der SS. Hinter geschlossenen Läden, mit Freunden, nachts, hörte er die Nachrichten ausländischer Sender. Das alles änderte nichts an seiner Haltung.

Elitäre Versteifung schützte sein Gewissen.

*

Der Schnee fällt auf die Erde, um zu schlafen.
Er fällt, um auf der Erde zu schlafen
Er fällt, um zu schlafen.

Er glaubte an seine Begabung und hatte noch recht: Sie gab etwas her. Er arbeitete zuverlässig, erhielt Bestätigung durch Kritik und verdiente genug. Er schien nichts zu vermissen. Das private Leben enthielt, was er zunehmend brauchte: bürgerliche Ordnung, verlässliche Freunde. Man reiste nach Süddeutschland, Thüringen oder ans Meer, spielte Tennis mit Freunden und unternahm Skiwanderungen in die Müggelberge. Er arbeitete im Garten, las Goethe und Stifter und beobachtete – in Gedanken an Schwarzwälder Landschaft – den Sternhimmel jeder Jahreszeit durch das Fernglas. Die schöne und kluge Frau war sein restloses Glück. Dass sie schärfer dachte und deutlicher sah, kritischer, leidender in der Epoche lebte, schien ihm niemals ganz bewusst zu werden. Wichtiger als alles Zeitgeschehen war das tägliche, nächtliche Leben in seinem Haus, die Familie und was sie an Rückhalt für ihn hergab, die Beschäftigung mit dem Kind und die Literatur. Der Wille zum uneingeschränkten Fortgang des von ihm Erreichten, die patriarchalische Absicht verschlug jeden Zweifel. Das erste Kind, sein Wunschkind, war ein Sohn, das erstgeborene durfte nur ein Sohn sein. Im starren Familiendenken meines Vaters war nur ein Sohn Erfüllung, Bestätigung, Stolz. Er liebte Kinder und vergötterte das eigene. Solange das Kind noch unschuldig war, bevor die Erziehungsmaßnahmen einsetzten (Vorschrift, Belehrung und was er ZÜCHTIGUNG nannte), war er ein Vater ohne Vergleich, Spielmeister, großer Bruder, Vertrauter und Freund. Er war die Zuversicht, der Fels und der Fixstern, er war die unumstößliche Mitte des Kindseins. Seine Art, die Erscheinungen der Welt zu vermitteln, verzauberte das Kind und machte es reich. Der Weg durch das Kieferngehölz und der Weg zu den Weiden, singen und pfeifen im Regen macht glücklich. Die Freundlichkeit der Sonne, die Trauer des Mondes, die Neugier des Windes, der bewusstlose Schnee. Der Vater wollte DAS HERZ SEINES KINDES BESITZEN, und er besaß es. Das Kind hing am Vater und glaubte noch lange an ihn. Auf einer Holzbank unter Bäumen im Garten hockte es neben dem Vater und hörte Gedichte, die der Vater ihm vorlas, Goethes Balladen und Eichendorffs Verse: «Es schienen so golden die Sterne, / am Fenster ich einsam stand / und hörte aus weiter Ferne / ein Posthorn im stillen Land. / Das Herz mir im Leibe entbrennte, / da hab ich mir heimlich gedacht: / Ach, wer da mitreisen könnte / in der prächtigen Sommernacht!»

Seine Stimme verschwebte halblaut zwischen Begeisterung und Melancholie. Dem Singsang gesprochener Verse verfiel das Kind. Kopflos machende Verführung durch Sprache. Hypnose und Erschütterung waren so stark, dass das Kind sich in Tränen auflöste. Hemmungsloses Weinen versuchte, den rätselhaften Vorgang erträglich zu machen. Weinend wollte das Kind sich retten – und klammerte sich heftiger noch an den Urheber der Vergiftung.

Das haltbare Leben dauerte ein paar Jahre und war die beste Zeit meines Vaters gewesen. Es war seine beste Zeit für das Kind, und es war die beste Zeit des Kindes für ihn. Vier Jahre fast uneingeschränkter Verwirklichung. Dann kam (er hatte die Angst verdrängt) der Krieg. Eines Morgens fiel er ins Haus, war eine unfassbare Katastrophe und vernichtete die persönlichen – und vorübergehend auch die nationalen – Illusionen des bürgerlichen Literaten. Sein zweites Kind, ein Sohn, war geboren, das vierte Buch, ein Gedichtband, publiziert. Er war zweiunddreißig Jahre alt. Es kam die Einberufung zum Militär, aber der Inselverlag erreichte eine Zurückstellung seines Autors. Er war für ein weiteres Jahr vom Soldatsein befreit, die Galgenfrist war kostbar und unerträglich, denn was jetzt nicht geschah, würde nicht mehr geschehen. Er schrieb eine Monographie über Conrad Ferdinand Meyer. Noch einmal beschloss er, unter Depressionen, von sich aus nichts zu tun, was den NS-Staat und diesen Krieg unterstütze. Er sprach noch von Anstand in würdeloser Zeit. 1940 wurde er eingezogen, kam als Schütze in die Kasernen von Strausberg, sah sein Haus an Urlaubstagen wieder, seltener während des Kriegs und danach nicht mehr. Es wurde vermietet, zuletzt von Russen besetzt und stark beschädigt. Die Bibliothek wurde auseinandergerissen (der größere Teil nach dem Krieg in den Westen gerettet). Die Familie zog in ein Dorf bei Freiburg. Das eigene Haus als Grundstein der Lebenszeit, als Garantie für die Zukunft der Familie, als Erbe für seine Kinder und Zuflucht im Limbo – der Traum blieb Episode und ging mit dem Kriegsende unter.

*

Irgend etwas war passiert, aber was?

Vermutlich etwas Schreckliches. Ein Arzt kam ins Haus, blieb hinter verschlossener Tür bei meinen Eltern, ging ohne Erklärung weg und nichts war wie sonst. Die Eltern sprachen in einer fremden Sprache (später erfuhr ich, dass es Französisch war).

Was hatte der Doktor mit meinen Eltern gemacht? Was wurde aus der gewöhnlichen Sprache zu dritt? Wenn sie mir früher unverständlich war, gab es doch immer noch verständliche Wörter. Aber die Elternsprache schloss mich aus. Plötzlich gab es etwas ohne mich. Konnte es etwas geben ohne mich? Weder Vater noch Mutter wollten etwas erklären. Erstmals, in der Beklommenheit, war ich allein.

Der Arzt, die Besorgnis des Vaters und diese Sprache – irgend etwas stimmte nicht mehr.

Nach ein paar Wochen wurde ein Bruder geboren. Wo kam er her? Unerklärliche Veränderung.

*

Erwachsene machten sich an den Kindern zu schaffen. Jacken wurden gebürstet und Scheitel gezogen, Nasen geputzt und Kragen zurechtgerückt. Kinder waren die Visitenkarten-Geschöpfe ihrer Eltern und hatten einwandfrei in Erscheinung zu treten. Wenn Besuch im Haus war, spät am Abend, wurden sie im Wohnzimmer vorgeführt, vorher im Flur einer Prüfung unterzogen, eilig und lautlos in saubere Hemden gesteckt, ermahnt, gekämmt und mit Elternspucke am Mundwinkel sauber gerieben. Dann standen sie eine Weile in Raum und Parfüm, vor den seltsam erfreuten Gesichtern der Eltern und ihrer Gäste – Schauspielern, Redakteuren und deren Frauen –, wurden betrachtet, für fein befunden und durften gehn.

Der gebadete Kater schüttelt sich. Er wälzt sich im Gras und geht seiner Wege.

Die Kindheit der Kinder gehörte den Erwachsenen. Erwachsene Hände drückten die Kinder zurecht, unabweisbare Hände, Tast- und Tätschelpfoten fremder Leute, Kleideranzieh- und Kleiderausziehhände, Ohrfeigenhände und streichelnde Fingerspitzen. Gichtige, krumme Hände der Großmütter und fade, weiche, weiße Tantenhände. Hände mit Ringen und silbernen Fingerhütchen, duftende Damenhandschuhe, die Fäuste der Lehrer. Es gab die harten und feuchten, mühsam gepflegten Hände des Dienstmädchens und die zu allem berechtigten Hände der Eltern. Es gab den humorlosen Zeigefinger des Großvaters und die Bridge-Partie spielenden Knotenhände befreundeter Herren. Haut- und Knochenhände gerührter Greise und die ungefährlichen Patschhände alter Jungfern. Aus den Händen der Erwachsenen kam das Bonbon, das Taschengeld und die schlecht gemeinte Dressur. Kindheit – Widerwillen gegen erwachsene Hände, Protest gegen jede Hand, die nicht kinderleicht war, gegen alles, was Hand war und sich nicht abschütteln ließ.

*

Auf seinem Thron schlief der Despot
Der jede Regung Geist verbot,
Wo's nur auf seinen Wink geschah,
Dass ihm der Mond durchs Fenster sah,
Wo sich kein Kater unterfing,
Dass er aus Eignem mausen ging.

OSKAR LOERKE

Im erwachsenen Menschen steckt ein Kind, das will spielen.

Es steckt in ihm ein Befehlshaber, der will strafen.

In meinem erwachsenen Vater steckte ein Kind, das mit den Kindern Himmel auf Erden spielte. Es klebte in ihm eine Sorte Offizier, die bestrafen wollte im Namen der Disziplin.

Nutzlose Affenliebe des glücklichen Vaters. Hinter dem Verschwender von Zuckerbroten kam ein Offizier mit der Peitsche daher. Der hielt für seine Kinder Strafen bereit. Der beherrschte so etwas wie ein System von Strafen, ein ganzes Register. Zu Anfang gab es Schelte und Wutausbruch – das war erträglich und ging wie der Donner vorbei. Dann kam das Ziehen, Drehen und Kneifen am Ohr, die Ohrfeige und der berühmte Katzenkopf. Es folgte die Verbannung aus dem Zimmer, danach das Fortgesperrtsein ins Kellerloch. Und weiter: Die Kindsperson wurde ignoriert, durch strafendes Schweigen gedemütigt und beschämt. Es wurde zu Besorgungen missbraucht, ins Bett verurteilt oder zum Kohleschleppen abkommandiert. Zum Schluss, als Mahnmal und Höhepunkt, erfolgte die Strafe, die Strafe schlechthin, die exemplarische Bestrafung. Das war die Strafe des Vaters, die ihm vorbehaltene, eisern gehandhabte Maßnahme. Im Sinn von Ordnung, Gehorsam und Menschlichkeit, damit Recht geschähe und das Recht sich dem Kind einpräge, wurde die Prügelstrafe angesetzt. Die Sorte Offizier griff zum Tatzenstock und ging schon mal in den Keller voraus. Ihm folgte, wenig schuldbewusst, das Kind. Es hatte die Hände auszustrecken (Handflächen nach oben) oder sich über die Knie des Vaters zu beugen. Die Prügel erfolgten gnadenlos und präzis, laut oder leise gezählt, und ohne Bewährung. Die Sorte Offizier äußerte ihr Bedauern, zu dieser Maßnahme gezwungen zu sein, behauptete, darunter zu leiden, und litt darunter. Auf den Schock der Maßnahme folgte das lange Entsetzen: der Offizier verordnete Heiterkeit. Mit betonter Heiterkeit ging er voraus, gab ein gutes Beispiel in dicker Luft und war gereizt, wenn das Kind von der Heiterkeit nichts wissen wollte. An mehreren Tagen, jeweils vor dem Frühstück, wurde die Strafe im Keller wiederholt. Sie wurde zum Ritual und die Heiterkeit zur Schikane.

Für den Rest des Tages hatte die Strafe vergessen zu sein. Von Schuld und Sühne wurde nicht gesprochen und Recht und Unrecht lagen auf hoher Kante. Die Heiterkeit der Kinder blieb aus. Kalkweiß, sprachlos oder heimlich weinend, tapfer, trübe, verbissen und bitter ratlos steckten sie – nachts noch – in der Gerechtigkeit fest. Die prasselte nieder und hatte den letzten Schlag, die hatte das letzte Wort aus dem Mund des Vaters. Die Sorte Offizier strafte noch im Urlaub und war deprimiert, wenn sein Kind ihn fragte, ob er nicht wieder weg wolle in den Krieg.

Kinder sind Sauigel, Ferkel und kleine Verbrecher. Sie sind dickköpfig, heimtückisch, böse und raffiniert und schlimme Steine auf dem Herzen der Eltern. Sie setzen sich mit Absicht in den Dreck, zerschlagen Töpfe, drehn unerlaubt an Radioknöpfen und ruinieren eine Autoheizung. Sie sind zuzeiten wie das Gesindel selbst, sie spielen im Reich der Erwachsenen auf eigene Gefahr. Sie waren so unbotmäßige Katerchen, dass sie aus Eignem mausen gingen – am hellen Tag. Sie konnten aus Fehlern noch lernen und mussten es tun. Die Strafe half auf den richtigen Weg.

Die Mutter warf, verzweifelt und spontan, eine Schüssel voll Erbsen auf den Boden und rief: Auflesen! Das war die freundliche Bestrafung der Mutter.

Erstmals im Alter von vier Jahren wurde mein Glauben an den Vater verletzt.

Ich wurde zu einer Schneiderin mitgenommen. Während meine Mutter auf kleinem Podest mit Stoffen behängt, gedreht und vermessen wurde, beratschlagt wurde, endlos beratschlagt wurde, war ich mir selbst überlassen und spielte allein. Die Schneiderwerkstatt hatte dunkle Ecken, es gab dort Tische mit geöffneten Fächern, Tücher, Kreiden, Knöpfe aller Art und dicke, igelartige Stecknadelkissen. In einer Schale entdeckte ich einen Ring, es war ein Ring, sonst nichts, ein rundes Ding. Der Gegenstand gefiel mir und machte mich zum Verbrecher. Mir nichts, dir nichts: ich steckte ihn ein. Auf dem Nachhauseweg war die Neugier vorbei, und ich warf den Ring in ein Bodengitter am Weg. Am gleichen Tag wurde telefoniert: Ein wertvoller Ring sei verschwunden und man verdächtige das Kind. Ich wurde von meinem Vater vorgenommen und gründlich verhört. Ich hatte einen Wertgegenstand gestohlen, vor allem die Eltern in eine heikle Situation gebracht. Ich erinnerte mich, gab Auskunft und alles schien gut: Der Ring wurde unter dem Gitter gefunden und von den Eltern zurückgebracht.

Die Strafe folgte auf großem Fuß. Zehn Tage lang, zu lang für jedes Gewissen, segnete mein Vater die ausgestreckten, vier Jahre alten Handflächen seines Kindes mit scharfem Stöckchen. Sieben Tatzen täglich auf jede Hand: macht hundertvierzig Tatzen und etwas mehr: Es machte der Unschuld des Kindes ein Ende. Was immer im Paradies geschah, mit Adam, Eva, Lilith, Schlange und Apfel, das gerechte biblische Schlagwetter vor der Zeit, das Gebrüll des Allmächtigen und sein ausweisender Finger – ich weiß davon nichts. Es war mein Vater, der mich von dort vertrieb.

III

Auszüge aus den Notizen meines Vaters (II)

Ich werde nie ein Soldat werden. (27. 1. 41)

Schlechte Nachrichten aus dem Osten. Auch Tripolis aufgegeben. Von überall Ansturm gegen uns. Es muss durchgehalten werden. (23. 1. 43)

Die Tragödie von Stalingrad beendet. Die größte Niederlage seit langem für das Vaterland. Sehr ernst und voller Schmerz. (3. 2. 43)

Züge mit Russenvolk in unbeschreiblichem Zustand. Unblutige Be- und Zersetzung Europas durch diese angeblich vor den Bolschewisten flüchtenden Horden der Steppe. (17. 2. 43)

… an einem Vortrag GESCHICHTE UND WESEN DES BOLSCHEWISMUS *gearbeitet. Sehr glückliche Stunden der Tätigkeit, um das anständige Wort bemüht … (15. 4. 43)*

Vormittags Offiziersfortbildung, auch mit meinem Vortrage. Besondere Anerkennung des Kommandeurs! (19. 4. 43)

Zur Gerichtsverhandlung, lange gewartet. Sache gegen einen Volksdeutschen, der, ehemaliger polnischer Offizier, als deutscher Leutnant in Kowel sinnlos betrunken war und allerlei anstellte. Sechs Monate Gefängnis, von mir über das geforderte Strafmaß hinausgehend beantragt. (22. 6. 43)

Um 9 Uhr nach Posen, sehr angenehme Fahrt …

Im Schlosscafé. Abendbrot in der schönen, angenehmen Atmosphäre des Hotels Ostland. Ein junger Eichenlaubträger, Infanterist; General Kluge. Sehr gutes wohltuend gesellschaftliches Publikum. Aber wie stets, obwohl ich das alles sehr genieße, sehnt sich mein soldatisches Herz, dies insgeheim verachtend, fort zu Front, Tat und männlichen Abenteuern. (30. 6. 43)

Im Wehrmachtsbericht die Räumung Palermos – und dort sind Staufengräber, vor denen nun die Engländer und Amerikaner stehn. Schwer erträglicher Gedanke. (24. 7. 43)

Ein Zug von 500 italienischen gefangenen Offizieren, grotesk als Anblick und Vorstellung. Meistens schwer ruhrkrank. Betteln die Polen um Zigaretten an, unwürdig. (3. 10. 43)

Nachmittags mit Begegnungen gefangener italienischer Offiziere; einen Oberst, der etwas von mir will, lasse ich kommen, und so klettert er aus dem Wagen und kommt heran. Er beklagt sich mit Hilfe eines radebrechenden Oberleutnants, dass es nicht gut sei, sie fünf Tage fast ohne Brot zu lassen. Ich entgegne, es sei nicht gut, ein badogliohöriger Offizier zu sein, und bin sehr kurz. Einer anderen Gruppe von angeblichen faschistischen Offizieren, die mir alle möglichen Papiere entgegenhalten, lasse ich den Wagen heizen und bin höflicher. (27. 10. 43)

Scherereien mit den Putzmädchen, die kommen und wegbleiben, wie es ihnen gerade passt. Sagt man ihnen etwas, antworten sie: NIX VERSTEH *und drehn einem eine Nase und verschwinden. Ein elendes Volk. (21. 1. 44)*

Im Abteil eine Frau, in Lemberg zivilangestellt; sie erzählt von einem Frühstück in einem Warschauer Lokal, das 4000 Zloty gekostet hat, von den Schiebereien und Geschäftsmethoden der Deutschen allenthalben in der Verwaltung. Bestechungen, Überpreise und dergleichen mehr, vom KZ in Auschwitz usw. – Als Soldat ist man doch so fern all dieser Dinge, die einen im Grunde auch gar nicht interessieren; man steht für ein ganz anderes Deutschland draußen und will später im Kriege sich nicht bereichert haben, sondern ein sauberes Empfinden besitzen. Ich habe nur Verachtung für diesen zivilen Unrat. Man ist vielleicht dumm, aber Soldaten sind ja stets die Dummen, die es bezahlen müssen. Dafür haben wir aber eine Ehre, die uns keiner raubt. (24. 1. 44)

Auf einem Umweg zum Mittagessen Zeuge der Erschießung von 28 Polen, die öffentlich an der Böschung eines Sportplatzes vor sich geht. Tausende umsäumen Straßen und Ufer des Flusses. Ein wüster Leichenhaufen, in allem Schauerlichen und Unschönen jedoch ein Anblick, der mich äußerst kalt lässt. Die Erschossenen hatten zwei Soldaten und einen Reichsdeutschen überfallen und erschlagen. Muster eines Volksschauspiels der neuen Zeit. (27. 1. 44)

*

Ich hatte nicht die Absicht, mich mit meinem Vater zu beschäftigen. Über ihn zu schreiben erschien mir nicht nötig. Der Fall, ein Privatfall, war abgeschlossen. Ich hätte Erinnerungen an ihn notiert, ohne die Absicht, etwas daraus zu machen. Ich hätte vermutlich nicht länger an ihn gedacht. Neun Jahre nach seinem Tod kommt er wieder zurück und zeigt sein Profil. Seit ich seine Kriegstagebücher las, kann ich den Fall nicht auf sich beruhen lassen; er ist nicht länger privat. Ich entdeckte die Notizen eines Menschen, den ich nicht kannte. Diesen Menschen zu kennen war nicht möglich, ihn für möglich zu halten – unzumutbar. Was ich von seiner NS-Zeit wusste, kannte ich nur aus dem, was er selber sagte. Das war die gereinigte Darstellung seiner Rolle, alles in allem ein unverfänglicher Wortlaut. Dass nichts so harmlos war, wie er das sagte, wurde angenommen, es blieben noch Zweifel. Es gab seine Lyrik und Prosa aus zwanzig Jahren, die nationale Tendenz war unverkennbar. Aber es gab, trotz allem, keinen Grund, einen anderen Menschen für möglich zu halten als jenen, der gegenwärtig und gut bekannt war. Der Mensch, den ich kannte oder zu kennen glaubte, war nur ein Teil jenes andern, den keiner kannte. Nachdem ich den einen und den andern kenne, fehlt eine Tagesordnung, zu der ich übergehn kann.

Er wurde als Gefreiter in Lodz stationiert. Abgesehn von Urlauben aller Art, in denen sich Hoffnung auf Leben zusammendrängte (er fuhr selbst für wenige Tage in den Schwarzwald), war er Soldat und wurde es immer mehr. Im Verlauf dreier Dienstjahre stieg er zum Leutnant auf.

Die Stationen seiner militärischen Laufbahn (mit Sondereinsätzen und Spezialausbildung) waren Warschau, Wilna, Witebsk, Brest-Litowsk, Minsk, Kutno und Orel. An Wochenendtagen unternahm er Ausflüge in die erreichbare Landschaft Polens. Obwohl er immer wieder vom Fronteinsatz träumte, stand er in der Etappe bis fast zuletzt.

Der Anfang war schrecklich. Es gelang ihm nicht, sich umzugewöhnen. Der Abschied vom zivilen Leben, und mehr noch von seiner Familie, schien unüberwindbar (die Forderung zum Parteieintritt entfiel – das war der einzige Vorteil seiner Lage). Das Kasernen- und Männermilieu war kaum zu ertragen. Täglicher Drill setzte den Geist- und Elitemenschen zum gewöhnlichen Befehlsempfänger herab. Die Gleichförmigkeit des Geschliffenwerdens zermürbte den Willen und machte depressiv. Ödigkeit jahrelangen Wacheschiebens. Divisions- und Kasernenwache, Depotbewachung, Wache an Wehrmachtsstadion und Bahngelände. Er memorierte Sternbilder und Gedichte und träumte sich in seine Landschaft zurück. Soldatsein hieß funktionieren, er funktionierte. Funktionieren hieß Wacheschieben und stehen, wo man stand. Innere Disziplin war Ehrensache. Er verlangte sich Haltung ab, in jedem Fall, und verlegte Verzweiflungsanfälle in die Nacht. Immerhin war er beim Wacheschieben allein.

Er war ein zuverlässiger Kamerad. Kameradschaft wurde, für ihn und jeden, zum Grundsatz, der die Misere in Grenzen hielt. Sie wurde zur internen Ideologie. Auf der gestrengen Basis von GLEICH ZU GLEICH kam er mit allen Kameraden zurecht, er schätzte manchen und wurde von vielen geschätzt. An Stubenabenden las er Gedichte vor. Seine national getönte Besinnlichkeit wurde mit Sympathie zur Kenntnis genommen; sie gab dem trostlosen Drill eine sinnvolle Färbung. Sie verabreichte Trost und salbte Männergefühle. Er bestärkte die andern im Erfüllen der Pflicht.

Er schuftete sich aus dem grauen Anfang heraus. Das ewige Exerzieren fiel ihm schwer, aber in Ausbildungskursen mit der Waffe zeigte er allerhand Geschicklichkeit. Bei militärtheoretischen Instruktionen fiel er durch Kenntnis und Beteiligung auf. Die ideologische Schulung passte auf ihn. Er war, als geistesgläubiger deutscher Mensch, prädestiniert für die großdeutsche Progression. Auf dem Schießplatz bewährte er sich als glänzender Schütze. SCHULJUNGENHAFTES VERGNÜGEN an Schießerei, an Rekordaussicht und sportlichem Vergleich. Die Bedeutung des Trainings (Tötung, Vernichtung des Feindes) schien dem Romantiker nicht bewusst zu sein. Er wurde vom Hauptmann gelobt und freute sich. Er machte den täglichen Dienst und er machte ihn gut, dann besser als gut, nach anderthalb Jahren mit Stolz.

Jahrelanges Soldatenleben in der Etappe. Die deutsche Wehrmacht kämpfte in halb Europa – da wäre er lieber an der Front gewesen. Die Zeit verging mit Militärroutine. Polen hieß Langeweile und Stagnation. Aber er sah auch die Chancen und nahm sie wahr. Die Gefährdung des eigenen Lebens hielt sich in Grenzen. Man lebte in halbwegs deutscher Umgebung, hatte privaten Zugang zu deutschen Familien, zu jeder Art KULTIVIERTER GESELLIGKEIT – Geburtstagen, Christenfesten und Hausmusik. Man frequentierte Theater und Restaurants, Casinos, Fußballplätze, Revue und Film. Man feierte, spielte, betrank sich im Rahmen dessen, was für den deutschen Besatzer statthaft war. Auf Eskapaden ließ man sich nicht ein. Der deutsche Soldat vertrat eine Herrennation. Er stellte auf feindlichem Boden ein Vorbild dar.

Mit Polen kam er selten in Berührung. Der Kontakt beschränkte sich auf Zusammenstöße mit Putzfrauen und Partisanen. Alles andere war Augenerlebnis. Er sah die Armut und Weite Polens mit einer Mischung aus Hybris und Faszination.

Der Osten Europas erschien ihm fremd, er suchte an allen Plätzen das Heimatverwandte: die alten Kirchen, die Dörfer und Gartenlokale. Dort trieb er sich gern an den Wochenenden herum. Armenviertel und Ghettos polnischer Städte besichtigte er mit der vorgeschriebenen Optik des Militärs: Das war die Verkommenheit einer alten Zeit, die neue räumte mit solchen Resten auf. Das dauerte noch eine Zeit, bis der Pole des Deutschen würdig war, da gab es noch eine ganze Menge zu tun. Inzwischen hatte die östliche Seele zu leiden (man war KEIN UNMENSCH und brachte Verständnis auf), die harte deutsche Besatzung war schwer zu ertragen, aber die Situation war unumgänglich, und wer seine Würde preisgab, war verloren. Von alledem ausgenommen waren die Kinder. Er liebte Kinder, auch wenn es polnische waren.

Er zog sich, sooft es ihm möglich war, aus der Gemeinschaft zurück und schrieb Gedichte. Wo immer er hinkam, baute er sein Idyll, versponnen in einen Kokon aus Besinnlichkeit. Er las die Klassiker und Moltkes Schriften und notierte jede STIMMUNG DER JAHRESZEIT – die Geräusche des Regens auf dem Kasernendach, die Farben des Sommerhimmels über dem Ghetto. In der Zurückgezogenheit bewahrte er sich ein Minimum an privater Kontinuität. Dort gab er sich, Briefe schreibend, dem Heimweh hin. Der Krieg war schlimm (er musste freilich sein), aber schlimmer war das Getrenntsein von seiner Frau. Größe und Niedergang des Vaterlandes (der politisch Bewusstlose sah die Gründe nicht) bedeuteten wenig im Vergleich zu der Tatsache, dass seine Kinder ohne ihn größer wurden. In allem, was er dachte und tat, hielt er sich streng an die festgelegte Verantwortung des Soldaten. In ihr war er sicher vor möglichen Zweifeln (tiefere Zweifel schienen ihn nicht zu befallen). Sie war seine Zuständigkeit und seine Würde. Über Politik wurde selten gesprochen, selten mit Kameraden und Offizieren, weniger noch im Urlaub mit seiner Frau. Der Glaube an die Rechtmäßigkeit des Kriegs, das unbedingte Vertrauen in Autorität, das auf Prinzipien reduzierte Denken schmolz jede ambivalente Empfindung ein. Ihm fehlte in allem das elementare Entsetzen, weil ihm die Einsicht in den Zusammenhang fehlte.

Er lebte sich ein, und ich frage mich, was das heißt. Er gewöhnte sich daran, er machte mit.

Die Voraussetzung dazu bestand in dem Willen, sich durchzusetzen in einer Lage, die seiner Wesensart nicht zu entsprechen schien. Er gewöhnte sich ein (er festigte seine Position), zunächst noch als Untergebener der Autorität. Es war ihm möglich, sich einzugewöhnen, weil Autorität ein Fixpunkt war, den er niemals in Frage stellte. Autorität war eine Gegebenheit, die er auf eine sehr subtile, kaum wahrnehmbare Art der Unterwerfung bestätigte. Er hatte – durch Verhalten und Wesensart – schon immer alles mögliche bestätigt. Er hatte seinen Vater bestätigt, danach sein Vaterland und verschiedenes mehr. (Er hätte sich in alles eingelebt, und selbst in eine blutige Diktatur; er hätte sich, erbittert, unterworfen und allenfalls die Methode des Blutvergießens, nicht aber das Blutvergießen selbst, kritisiert; wo Blut vergossen wurde, war auch ein Sinn; der Sinn des Blutvergießens war vor ihm da.) Er gewöhnte sich daran, er lebte sich ein, das war die Voraussetzung für den nächsten Schritt. Da war er schon fast imstand, Karriere zu machen. Ein weiterer Schritt: die militärische Mitbestimmung durch ihn. Das Kommandieren, schrieb er, mache ihm Spaß.

Sich einzuleben kann unumgänglich sein. Es war, in Grenzen, unumgänglich für ihn. Es war lebensnotwendig für jeden, der in die Defensive geraten war, um wie viel notwendiger für den Verfolgten, den öffentlich Diskriminierten, den Lagerhäftling. Man lebte sich ein, um zu überleben und behielt seine Gründe ungebrochen im Kopf. Eingelebtsein konnte Tarnung bedeuten, sie wurde von List und Intelligenz bestimmt. Ohne die Techniken der Simulation, ohne Mimikry und Täuschungsmanöver hätte die Hälfte der Menschheit nicht überlebt. Aber die Kunst der integeren Tarnung, der nicht von Bequemlichkeit, sondern Absicht bestimmten, ist nicht seine Sache gewesen, er war kein Schweijk. Er lebte sich tatsächlich und gründlich ein, zuerst als Schütze und später als Offizier, mit der restlosen Überzeugung, im Recht zu sein, und nicht im Hinblick auf ein Ende des Krieges. Er sang und marschierte konform mit dem Deutschen Reich (durchaus nicht mit Hitler, SS und NS-Partei), er bejahte die gewaltsame Expansion. Er glaubte an den Triumph der deutschen Idee und empfand den Rückzug (das ABBRÖCKELN, wie er es nannte) als schmerzlichen Verlust für sich und die Heimat. Er gewöhnte sich ein im Hinblick auf eine Zukunft, die rechtmäßig, deutsch und für immer haltbar war. Er lebte sich ein in den Körper einer Idee. Er identifizierte sich für ein ganzes Leben.

Er war nicht mehr nur der Autorität unterstellt: Er war Offizier. Er selbst unterstellte die andern: als Autorität. Im Augenblick, als ihm Autorität zu Gebrauch oder Missbrauch zur Verfügung stand, erschien die Veränderung auf erstaunliche Weise. Er avancierte zum Vorgesetzten, der die Schwäche und Stärke des Einlebens hinter sich ließ. Die Teilhaberschaft an der Macht war ziemlich begrenzt – sie genügte, seine Empfindlichkeit auszulöschen. Er war kein Machtmensch von Natur, er wurde zum Machtmenschen durch die Beglaubigung. Titel und Rang des Soldaten waren seine Gewähr. Geforderte Kameradschaft und Pflicht des Soldaten wurden von ihm aufs Schärfste kontrolliert. Früher mal hatte er den Mann verachtet, der über die Stränge schlug, sich betrank und verirrte, dem Bild vom deutschen Soldaten nicht entsprach. Jetzt stand es ihm frei, solche Unfälle zu verfolgen. Er verfolgte sie mit purer Gerechtigkeit. Gerechtigkeit dieser Art konnte FÜR DEN MENSCHEN und sie konnte GEGEN DEN MENSCHEN zum Tragen kommen. Sie wollte, in seinem Fall, noch leutselig sein. Er konnte sich, privat oder offiziell, das eigene Gerechtsein zugute halten und mit betonter Großzügigkeit eine Strafe erlassen (WIR SIND KAMERADEN). Er drückte mit sichtbarem Nachdruck ein Auge zu. Er ließ ein paar polnische Kohlendiebe laufen und ersparte einem Säufer verschärften Arrest. Die Maßnahme war keine reine Menschlichkeit. Sie war allenfalls der betont humane Gebrauch seiner persönlichen Machtbefugnis.

Die Autorität veränderte seine Optik. Der ästhetische Mensch, um edle Sprache bemüht, verfiel immer häufiger in den Toilettenjargon der Herrenleute. Er war vielleicht kein Menschenverächter, aber er sah jetzt Polacken überall, elende Weiber und renitentes Gesindel. Er war vermutlich kein Antisemit, aber er sah die Beseitigung der Juden als Schicksal, Tragödie und für den einzelnen furchtbar, im Ganzen aber als unabänderlich an. Er sah den erschossenen Feind ohne jedes Interesse. Der geschlachtete Partisan ließ ihn friedlich träumen.

Die schöngeistig dünne Schale wurde brüchig. Die Verrohung des Offiziers nahm weiter zu. Zum Vorschein kam der Chauvinismus des gehobenen Untertans. Er hatte vergessen, wer er am Anfang war, er gewann einen Wettbewerb für Soldatenlyrik. Er leitete ballistische und ideologische Kurse, legte Ehrgeiz hinein und wurde gelobt. Er funktionierte über das Maß hinaus. Die wiederkehrende Schwermut änderte nichts.

*

Er lebte, in Lodz, im Haus deportierter Juden. Das hätte ihm früher etwas ausgemacht (ich hoffe: es hätte ihm etwas ausgemacht, den Schlaf gekostet, das Essen verdorben). Der Offizier war dagegen immun. Der deutsche Offizier lebte rechtmäßig dort, das war keine Frage. Ein Freund, der den Urlaub in seiner Wohnung verbrachte, entdeckte im Küchenschrank zurückgelassene Geräte der Juden. In einem Anfall aus Einsicht und Verzweiflung schleuderte der Freund Geschirr an die Wand. Mein Vater war pikiert und gab zu verstehn, dass ihm der Anfall nicht verständlich sei; über solche Regungen sei man inzwischen hinaus.

Er war über sie hinaus, für ein paar Jahre.

*

Im Frühjahr 1944 wurde er zum Oberleutnant befördert und auf die Insel Elba abkommandiert, einen wichtigen deutschen Stützpunkt im Mittelmeer mit dreitausend Mann Besatzung und schwerer Artillerie. Er bezog eine Stellung bei Marina di Campo an der Westküste mit vierzig italienischen und deutschen Soldaten. Was er sich wünschte, war noch einmal da: stationäres Idyll inmitten des Kriegs. Bombenangriffe und DUNKLE AHNUNGEN störten den lässigen militärischen Alltag, aber die Nächte waren warm, und es gab nichts zu tun. Allenfalls Patrouillen in die Maccia, Durchsuchung abgelegener Dörfer nach Waffen, Partisanen und Deserteuren, Beschaffung von Lebensmitteln und Lagebesprechungen auf dem Festland. Er schien als freundlicher Tenente zu gelten. Bauern der Insel wandten sich an ihn, und er verhinderte die befohlene Evakuierung ihrer Häuser. Alles übrige war Süden und Sommer, Bukolik, Atemholen und Korrespondenz, Rudern in Felsenbuchten und Schwimmen im Meer, Träume unter Pinien, Siesta und Wein.

Nach zwei Monaten war der falsche Frieden vorbei. Im Morgengrauen des 17. Juni begann die Invasion der Alliierten. Unterstützt von Royal Navy und US-Airforce setzte ein BATAILLON DE CHOC an Land, unmittelbar vor seiner Stellung am Strand – dreitausend Senegalesen auf Panzerschiffen. Mit vierzig Soldaten verteidigte er seinen Stützpunkt gegen ein paar hundert Schwarze. Kapitulation kam für ihn nicht in Frage. Seine Gesinnung verpflichtete ihn zum Durchhalten um jeden Preis, im BITTEREN ERFÜLLEN VON EHRE UND PFLICHT FÜR DAS VATERLAND. Er kratzte den Satz in die Betonwand seines Bunkers (Jahre später kam er als Tourist, fotografierte die Schrift an der Wand und memorierte BEWEGT DEN SCHAUPLATZ DER NIEDERLAGE). Ein Teil der deutschen, ein großer Teil der italienischen Soldaten kam um, er selbst verteidigte den Stützpunkt bis zuletzt. Allein und als letzter, in einem Felsloch liegend, feuerte er auf Köpfe und Uniformen. Ein Senegalese (er erkannte ihn noch) verpasste ihm einen Schuss knapp an der linken Schläfe vorbei in den Kopf. Bewusstlos geriet er in französische Gefangenschaft. Die Invasion war nach zwanzig Stunden vorbei. Gärten am Meer voller Waffenschrott und zerfetzter Neger. Er erlangte das Bewusstsein in einem Camp an der Küste und wollte sich töten – ein Sprung durch den Ginster in die Felsen am Meer. Der Gedanke an Frau und Kinder hielt ihn zurück. Während ein paar hunderte Tote in Massengräbern verschwanden, lag er auf einer Bahre und döste vor sich hin.

Mit einer Fracht schwerverwundeter deutscher und französischer Soldaten wurde er nach Korsika übergesetzt. Während des Weitertransports in einem Lastwagen durch das Gebirge glaubte er zu sterben. Rasende Schmerzen unter dem Notverband, Augentrübung und häufige Ohnmacht. Eine französische Krankenschwester hielt seine Hand. Wärme und Festigkeit der lebendigen Hand retteten ihm das Leben, er sprach noch nach Jahren davon.

Es folgten zwei Monate Lazarettzeit in der Zitadelle von Corté. Er wurde erfolgreich am Kopf operiert, aber es blieben Splitter zurück, und die Heilung verzögerte sich. Nur sehr langsam fand er zu sich selbst. Er war isoliert und hatte nichts zu lesen. Gespräche mit Arabern, Korsen, verwundeten Deutschen, Zimmerwanderung hinter vergitterten Fenstern, der Blick auf Kastanienwälder im Gebirge, Wind in den Räumen der Festung, im Laub der Kastanien – alles andere war Dumpfheit, Verwirrung und Schmerz.

Zwei Monate später, verstört und krank, wurde er in das Zentralgefängnis nach Ajaccio verlegt. Von dort aus erfolgte ein Sammeltransport gefangener Offiziere nach Algier, auf Deck der VILLE D'AJACCIO (25 000 Tonnen) in Verwahrlosung, Hitze und Apathie. Der Transport wurde für ihn zur Meerfahrt mit homerischen Reminiszenzen, dann kam das Verschollensein in der Wüste. Die Gefangenen wurden durch Algier zum Bahnhof getrieben und in höllisch heiße Waggons verfrachtet. Tausend Kilometer Bahntransport, durch die Sahara, südwärts, nach

Géryville, dem größten französischen Camp für deutsche Gefangene. Er traf in grenzenloser Erschöpfung ein. Beim Betreten der zugewiesenen Baracke empfand er, dankbar, wieder so etwas wie HEIMAT.

ENDLICH EINE GUTE GEBORGENHEIT.

*

ER WURDE ERFOLGREICH AM KOPF OPERIERT, ABER EIN PAAR KNOCHENSPLITTER BLIEBEN ZURÜCK. Das etwa war die Formel, die ich hörte, wenn von seiner KOPFVERLETZUNG die Rede war.

Der genaue Sachverhalt sah anders aus, und man vermied es, darüber zu sprechen. Der geschädigte Mensch wollte nichts von Krankheit hören. HIRNVERLETZUNG war ein geächtetes Wort. Es wurde durch Kopf- oder Kriegsverletzung ersetzt.

Das Lazarett in Corté war primitiv. Er lag auf dem Operationstisch und blickte in eine fliegenverdreckte Lampe. Die Kugel hatte 18 Zentimeter seiner Schädeldecke aufgerissen. Der Chirurg (er war als Deutschenhasser bekannt) schien sich keine besondere Mühe zu geben: Er entfernte die erreichbaren Knochensplitter. Im Verlauf der Heilung bildeten sich Verknorpelungen. Das Gehirn wuchs an ihnen fest und schwamm nicht mehr frei; die Folgen peinigten ihn sein Leben lang: Kopfschmerz, Sprechhemmung, Dumpfheit und Druck im Kopf; Wetterwechsel und Föhn brachten schwere Plagen. Er kam verändert aus dem Krieg zurück, und die vor ihm verheimlichte Frage war: Hatte die Hirnverletzung sein Wesen verändert oder lediglich Schwächen zum Vorschein gebracht, die, überdeckt, schon immer vorhanden waren.

Es ist anzunehmen, dass beides der Fall war. Er war reizbar, ruhelos und ständig gespannt. Ein Fensterladen stand aus Versehen offen, ein Schuh war verschwunden, ein Buch abhanden gekommen – das war entsetzlich. Er verlor sich in Zuständen äußerster Erregung, die in keinem Verhältnis zu ihrem Anlass standen. Und unter welchen Ängsten litt ein Mensch, der von sich behauptete, keine Angst zu haben! Er war schon immer von Ängsten bedroht gewesen (Ängste bestimmten sein Verhalten im Krieg), jetzt konnten sie nicht länger verborgen werden. In der Nacht lag er schlaflos, bis alle zu Hause waren, und das Alleinsein schien ihm nur erträglich, wenn er wusste, wann es zu Ende war.

*

Während ich an ihn denke, wird er zum Thema. Die Sätze entfernen ihn in einen Wortlaut, der seine Erscheinung zugleich erhellt und verdunkelt.

Über einen Menschen schreiben bedeutet: das Tatsächliche seines Lebens zu vernichten um der Tatsächlichkeit einer Sprache willen. Der Satzbau verlangt noch einmal den Tod des Gestorbenen. Ihn zu vernichten und zu erschaffen ist derselbe Arbeitsprozess. Aber ich will nicht im Recht sein gegen mein Thema.

Was bleibt übrig vom lebendigen Menschen? Was wird von ihm sichtbar im Triebwerk der Sätze? Vielleicht eine Ahnung von seinem Charakter, die flüchtigen oder festen Konturen eines Suchbildes. Ohne Erfindung ist das nicht zu machen. Ich habe nichts zur Person erfunden, aber ausgewählt und zusammengefasst (unmöglich, darzustellen ohne Bewertung). Ich habe Sätze gemacht, also: Sprache erfunden.

Die Erfindung offenbart und verbirgt den Menschen.

IV

Géryville liegt 1300 Meter über dem Meer im Atlasgebirge, auf einem Hochplateau an den Ausläufern der Steinwüste. Der Winter bringt Frost und Schnee, die Stürme sind kalt. Der Sommer ist heiß, bei stark abgekühlten Nächten. Die Temperaturunterschiede sind gefährlich. Man passte sich arabischer Gewohnheit an, trug Leibbinde, Kopfbedeckung, warme Socken und hielt sich nicht unnötig in der Sonne auf. Tagelang, nächtelang pickte der Sandsturm gegen die Baracken. Sandböen zischten durch das spärliche Gras. Der Stacheldraht sang.

Am Rand der von Arabern bewohnten Oase erhebt sich die Festung EL BAJJATH, ehemaliges Legionärslager aus dem Jahre 1853, Bollwerk aus Stein und uneinnehmbar, mit Kasernen, Offiziers- und Verwaltungsgebäuden, Exerzierplätzen und Kasematten. Daneben das Karree der Gefangenenbaracken. Von der Höhe des Schutzwalls der Ausblick in die Oase, über Wellen von Sand auf Gebirgsmassive in wechselndem Licht. Das eintönige Panorama wirkte niederdrückend, vor allen Dingen an Tagen ohne Bewölkung. Das leere Blau begünstigte Depressionen, Scirocco und Licht verstärkten latente Psychosen. Nächtliche Schreie, Lagerkoller, Selbstmord. Der Ausblick auf Himmel und Sand wurde nicht zur Gewohnheit, ein pompöser Sonnenaufgang erfreute wenig. Der Winter in den Baracken war kühl und gesund. Die heiße Jahrzeit brachte Wassersucht, Gelbsucht, Fieber und Diarrhöe.

Die Ernährung, eine Hauptsache solchen Daseins, war schlechter als gut und wurde grundsätzlich verflucht. Der Gefangene erhielt 300 Gramm Brot, Kürbissuppe oder verkochte Nudeln, zusätzlich Tomaten und Bohnen, nur selten Fleisch. Gelegentlich tauchten getrocknete Fische auf, sie waren klein und schmeckten salzig nach nichts. Man erfand eine RÄUCHERANSTALT aus alten Tonnen und veredelte seine Fische (fünf Fische pro Kopf) zu gleichsam europäisch schmeckenden Sprotten. Es gab die Möglichkeit von Tausch und Handel im Lager, es gab – nicht häufig – Pakete von deutschen Verwandten, es gab Lebensmittelspenden des Roten Kreuzes und die nach Saison und Zufall wechselnden Waren einer französischen Marketenderei: Kakaostangen, Pressmarmelade, Datteln, Tabak und Wein.

Manchmal zwei Schlucke Cognac aus einem Europa-Paket.

Täglich kamen Kinder aus der Oase. Sie standen bettelnd zwischen den Posten am Zaun, und man warf ihnen Brotreste durch den Stacheldraht zu.

Draußen war die Oase und also das Leben, Menschen und Tiere, Feuer des Ramadan, nächtliches Singen und Händeklatschen arabischer Soldaten. Dort gab es Nomaden (Kamele und Zelte), Berber mit ihren Pferden und Beduinen. Türken, Kabylen, Spanier und Tuaregs, Marokkaner und Inder.

Es gab Zedern, Palmen, Oliven und Tamarisken. Akazien, Agaven, Kaffeebäume, Oleander. Es gab Wollgras, Kameldorn, Disteln, Kakteen. Melonen und Mandarinen vom Hörensagen.

Es gab Geier, Adler, Bienenfresser und Fliegende Hunde. Ochsenfrosch, Kuckuck, Storch und Schleiereule, Lerche, Antilope und Mauersegler. Springmaus. Wildkatze. Sperber. Schakal.

Im Lager gab es Flöhe, Wanzen, Schnaken, Schlangen, Ameisen und Pillendreher, allenfalls ein paar Eidechsen oder Grillen, mehrmals den Einfall großer Heuschreckenschwärme.

Manchmal, sehr hoch, ein Raubvogel über dem Lager. Im Wind ein Duft von Hammelfleisch und unbekannten Essenzen.

Nachts ein Bellen und Wimmern in der Wüste. Ab und zu das Gebimmel einer vereinzelten Blechglocke. Jahrelang sah er keine Frauen.

*

Auszüge aus den Notizen meines Vaters (III)

Elender Verrat der Führung am irregeleiteten Volke. Aber die Intelligenz wurde nie gehört: So haben wir auszubaden, was die anderen verschuldeten. (30. 4. 45)

Lange den Schwalben nachgeblickt, die an unseren Häusern wohnen und ihre Liebes- und Flugspiele treiben. Sie kümmert keine Zeit. (9. 5. 45)

Viel gelesen, vor allem Hölderlin: Hyperion, dessen Sprache mich mit Gewalt ergriff. Goethe, Hölderlin, Stifter, das sind doch wohl die Begrenzungen meiner Welt. (9. 6. 45)

Es gilt wieder Liebe und Ehrfurcht zu schaffen, europäische Werte zu erhalten. (August 45)

*

Drei Jahre lebte er in Gefangenschaft. Er litt an Kreislaufschwäche und Herzbeschwerden – alles in allem ein kleines Übel. Wechselnde Folgen seiner Kopfverletzung brachten ihn mehrmals ins Krankenrevier (dort nahm er nach anderthalb Jahren sein erstes Bad). Er verwaltete die Lagerbibliothek und befasste sich mit der kulturellen Betreuung seiner Mitgefangenen. Neben Theater, Orchester und Universität (Initiativen Gefangener ohne französische Unterstützung) war die Bibliothek ein Zentrum für GEISTIGE NAHRUNG. An Gedenktagen, Festen oder aus eigenem Anlass veranstaltete er Leseabende mit KLASSISCHER LITERATUR von Hölty bis Weinheber. Das Interessen war – auch unter Franzosen – so stark, dass die Vorträge in jeweils größere Räume verlegt wurden. Die Bücherausleihe, eine Barackenstube, war außer an Sonntagen täglich geöffnet. Das war für den schwerbeschädigten Menschen zu viel, verschaffte ihm aber den lebensnotwendigen Vorteil: Rückzug aus den Miseren des Lagerbetriebs. Er war dort allein, von Büchern umgeben, und hatte Zeit für private Beschäftigung. Er säuberte die Bibliothek von NS-Literatur, katalogisierte neu eingetroffene Bücherspenden des Roten Kreuzes (dreitausend Bücher in zweieinhalb Jahren) und verfasste Leseempfehlungen für Anfänger und Fortgeschrittene. Er plagte sich mit Gedichten ab, arbeitete an Novellen, scheiterte an einem Roman (DAS VERLORENE JAHRZEHNT) und schrieb Notizen zur eigenen Person.

Er hatte jetzt Zeit, so viel er wollte, er hatte Zeit wie nie zuvor. Die Zeit stand still und war in der Überzahl, sie war der einzige Luxus im chronischen Mangel. Sie kam aus der Wüste, schlich um die Lageruhr und verhöhnte jeden Appell. Man hauste auf einem freudlosen ZAUBERBERG (der Roman Thomas Manns war das meistgelesene Buch), in Stacheldrahtkonserve und WARTESAALSTIMMUNG, hingehalten in grauer Gleichförmigkeit. Die Zeit brauchte nicht gestohlen zu werden, sie kam zu jedem Skat und klopfte mit. Man nahm sie beiseite und schlug sie tot oder machte, als sturer Phönix, Asche aus ihr. Wer weiterleben wollte, musste etwas tun. Die Zeit war da und bot ihre Hilfe an.

Zum besseren Überleben war er lieber allein. Er unterzog sich einer gründlichen Bildungstherapie. Alles Gedruckte war willkommen. Er rekapitulierte Schiller, Gryphius und Hölderlin, las belletristische oder historische Schwarten und beschäftigte sich mit Botanik und Zoologie. Er las naturwissenschaftliche Publikationen (das Vorbild Ernst Jünger schwebte im Hintergrund), informierte sich über Grundlagen der Chemie und notierte Formeln. Er befasste sich mit der Typenlehre Kretzschmars, hielt sie für glaubhaft und wandte sie auf sich an. Kunstgeschichte,

Fremdsprachen, Philosophie. Leibniz, Schopenhauer und Hegels Werke. Bismarcks Briefe und Roseggers Romane. Soziologie und französische Essayistik. Atomphysik, Theorie des Bolschewismus – er las sich die Zeit von der Seele und schlief über Büchern ein.

Schreibend und mehr noch lesend hielt er an sich fest. Nie wieder kam er so dicht an sich selber heran. Er hatte zeitlebens als Bildungsbürger gelebt, den Schöne Literatur erhob und erfüllte. Er blieb ein Bildungsleser und Idealist, der Aphorismen notierte, von Sinnsprüchen zehrte, Trost in Sentenzen fand und tiefe Bedeutungen schätzte. Aber da draußen war das nicht genug. Ein einziges Mal in vier Lebensaltern fand er kritischen Zugang zu sich selbst. Da setzte er sich gefährlichen Einsichten aus. Er stellte das Fehlen echter Güte fest, erkannte das PROBLEMATISCHE einer lebenslangen, durch Lagerhaft noch verstärkten Selbstisolation. Er spürte GEWISSE VERENGUNGEN seines Wesens, Begrenzungen seines Charakters und den Hang zur Verdrängung. Später trübte sich die Erkenntnis ein, das – vergleichsweise scharfe – Erhelltsein der eigenen Person ging im Alltag verloren. Aber momentlang war die Einsicht da. Er lernte sie auswendig, schrieb sie sich hinter die Ohren, systematisch, ein tüchtiger Seminarist. Wochenlang schlüpfte er über den eigenen Schatten. Dort stieß er – IM INNERN BEWEGT – mit der Erkenntnis zusammen, dass deutsche Kollektivschuld vorhanden war. Er akzeptierte sein Teil und verharmloste wenig. Die kollektive Belastung zerquetschte ihn nicht, er war schon beinahe in ihr aufgehoben. Aber persönliches Verschulden – NEIN. Er hatte das Edle gewollt und sein Bestes getan. Persönliche Schuld stand nicht zur Debatte. Davor war immer noch die Zivilcourage, da war DIE EHRE DES SOLDATEN vor, das verratene Abendland und die Größe der Kunst. Da war der Sprung übern Schatten nicht wiederholbar. Der Bewunderer Moltkes wollte sich nicht erinnern, in preußischer Gesinnung gestanden zu haben. Die Idee Albert Schweitzers von der BRUDERSCHAFT DER VOM SCHMERZ GEZEICHNETEN kam zur rechten Zeit und fing ihn auf.

Ein Nationalsozialist war er nicht gewesen, das konnte er jetzt behaupten, und es verschaffte ihm Feinde. Das konnte er zu eigenem Gebrauch stilisieren. Es verschaffte ihm Freunde bei den französischen Stellen der Lagerverwaltung und gute Verschworene unter den Mitgefangenen. An Wochenenden kam man in sein Büro, es gab dort Gespräche, Wein und ein Grammophon.

Dort kam das Gefühl einer ersten Befreiung auf, nur dort, unter wenigen, wurde wieder gelacht. Es war noch ein Lachen auf Probe, aber es ging. Man las jetzt die ersten Publikationen über das Ausmaß der Schlachtung, Auschwitz und Oradour – das Erschrecken kam ziemlich spät. Die gerechte Empörung machte nicht froh, beschwichtigte kein Gewissen, verhalf zu nichts. Die große Erleichterung klappte nicht nach Wunsch, und der Nachholbedarf an Unschuld nahm kein glückliches Ende. Er war informiert und momentlang ernüchert. Die Ehre seiner Person und die Würde des Geistes wurden zur Orientierung auf Lebenszeit.

*

Widersprüchliche Meldungen über die Lage in Deutschland, Entlassungsgerüchte und ihr Widerruf, Gerüchte über Verlegung in andere Lager machten die Jahre zum dauernden Nervenkrieg. Wechsel von Exaltation und Apathie. Die Verständnislosigkeit der Franzosen war sprichwörtlich. Siebenhundert arabische Soldaten, französische Offiziere und Spezialisten (Ärzte, Geistliche, Köche, Verwaltungsbeamte) standen den Gefangenen mehr oder weniger gleichgültig gegenüber.

Seiner Anfälligkeit für Depression entsprach ein starkes Bedürfnis nach INNERER AUFRICHTUNG. Er griff nach jedem Stohhalm. Der Blick in den Sternenhimmel der Sahara, eine Maxime Schopenhauers oder der MÄNNLICHE GEDANKE an seine Lage, die er als NEGATIVE GRÖSSE erlebte. Er zog sich, soweit das möglich war, aus Männerwitzen und Intrigen zurück und hielt sich an die wenigen Gleichgesinnten. Da sprach man von STOLZ IN TRAGISCHER SITUATION, betonte Verantwortung für die Zukunft Deutschlands und stellte MENSCHENRECHT gegen feldgraue Gesinnung. Das Verschworensein half durch die Massenrobinsonade. Beruf und Herkunft spielten keine Rolle. Mehr noch als während des Kriegs verloren Klassenunterschiede an Bedeutung. Juristen, Ärzte, Adlige und Künstler, Maurer, Zuschneider und Berufsoffiziere, Familienväter und Homosexuelle trafen sich in der gemeinsamen Energie für ein ANSTÄNDIGES ÜBERLEBEN. Während die Lagerstraße sich unter Wüstengewittern in Schlamm auflöste, im Nebenraum zu Heimatweisen geschunkelt wurde, hörte man klassische Musik, berauschte sich an Chopin und nahm das EDLE DEUTSCHER KUNST zum Anlass für stimmungsreiche Heroisierung der Lage. Vieles wurde vielen unerträglich. Unerträglich Wanzen, Zeitverlust und Langeweile.

Unerträglich die immer gleiche Ausdünstung des Männerlebens. Unerträglicher noch die Geheimnislosigkeit in den Baracken. Pakete, Nachrichten, Umstände eines jeden wurden von allen in Anspruch genommen. Liebesbriefe verloren ihren Charme in gnadenloser Befragung. Nichts und niemand entging dem Kommentar. Um einen Rest an Privatsein zu retten, flüchtete man in Mystifikation. Man tarnte sich als misanthropischer Kauz, simulierte Krankheiten oder schwieg sich aus. Jahre später erfuhr man durch Zufall, dass der freundliche Mitgefangene Otto Franzen in jenen Jahren ein totbombardiertes Kind und keine Frau mehr hatte.

*

Er hatte ein paar Familienfotos gerettet, Ansichtskarten und deutsche Zeitungsausschnitte. Er besaß noch drei alte Briefe seiner Frau und ein paar Krakelpapiere von seinen Kindern. Jahrelang trug er die Fotografie einer Schwarzwaldtanne mit sich herum. Der Rest einer Wanderkarte ersetzte die Welt.

*

Monatelang wusste er nichts von seiner Familie. Der Gedanke an ein Unglück wurde verdrängt. Französische Pressenachrichten und Lagergerüchte teilten nur die Vernichtung Deutschlands mit. Freiburg war, wie die meisten Städte, zerstört. Ungewissheit, alte und täglich neue, machten jede Zuversicht zur Farce. Trost und Hoffnung hingen in der Folter. Monatelange Herzbeklemmung führte zu Rückfällen in sein Kindheitsübel: Atemnot und gehemmtes Sprechen. Der Trost des Geliebtwerdens fehlte ihm mehr als andern. Das Heimweh war qualvoll.

Zwei Jahre lang stand sein Name auf der Repatriierungsliste. Zwei Jahre lang wurde er ohne Begründung zurückgestellt. Er sah die andern gehn und blieb zurück. Der Zeitverlust war nicht mehr aufzuholen. Angeborene Schwermut wurde zur Depression, die ihn dicht und trübe noch einmal gefangenhielt. Die selbstverordnete innere und äußere Haltung wurde zum verzweiflungsvollen Kunststück, allenfalls blickte er GEMESSEN INS DUNKLE. Der Traum von seiner Familie hielt ihn am Leben (er verfasste eine Novelle gegen den Selbstmord). Später war kaum noch nachzuvollziehen, wie der Limbo überstanden wurde.

*

Auf Umwegen über die Schweiz erhielt er die Nachricht, dass seine Familie am Leben war. Das Wunder dieser Gewissheit brachte neuen Zweifel: Der Nachricht war nicht zu entnehmen, in welchem Zustand sie lebte. Während er von der Tatsache ihres Am-Leben-Seins zehrte, war sie obdachlos aus Freiburg nach Erfurt gekommen, wusste seit kurzem, dass er lebte (er war ein paar Monate lang vermisst gewesen), und hoffte auf Nachrichten durch das Rote Kreuz. Die Mutter wohnte mit den drei Kindern im Haus ihrer Eltern, in einem Beamtenviertel am Rand der Stadt. Hunger, Angst und räumliche Beschränkung machten die Nachkriegsjahre zum sinistren Abenteuer. Die Schrift an der Wand hieß: leben und beschaffen. Die Mutter beschaffte (die Kinder beschafften mit) Kartoffeln, Rüben, Brennnesseln und Holunder, Gemüsereste von zehnmal geplünderten Feldern, Heißgetränk (eine unklare Flüssigkeit), Melasse und Fett. Wo immer die Mutter war, um zu beschaffen – sie hatte ein Kind zu ihrem Schutz dabei. Ich avancierte zum guten und schnellen Dieb, stahl Schokolade aus amerikanischen Jeeps und riss das letzte Holz aus den Umkleidekabinen eines nahegelegenen Stadions. An einem Sommerabend wurde das Schützenhaus voll zurückgelassener Militärbestände zur Plünderung freigegeben. Ich rannte mit meinem Großvater hin, tausend andere waren vor uns da. Die Festsäle dröhnten. Wir schafften Stiefel und Uniformen weg, Zellstoffrollen (ein Gegenstand ohne Verwendung), ganze Schachteln voller Ritterkreuze, die wir gegen Schmalz oder Cornedbeef tauschten (der deutsche Orden stand bei US-Soldaten, vor allem Schwarzen, als Andenken hoch im Kurs). Die Wälder waren voll Panzerschrott und leer von Holz. Wer sich sägend an einem Baum verging, hatte mit exemplarischer Strafe zu rechnen. Säge und Beil war geheimgehaltener Besitz. Die Abenddämmerung aller Tage wimmelte von menschlichen Silhouetten, die lebenserhaltende krumme Touren machten. Vor Hunger und Kälte flüchtete man ins Bett. Liegend überlebte man seine Erschöpfung. Die Kinder brieten Mäuse auf heimlichem Feuer, aber die glitschigen Leichname waren nicht essbar. Ich warf sie auf den Schutt und ging lustlos nach Hause.

Als Folge der Alliierten-Beschlüsse von Jalta (Februar 1945) wurden amerikanisch besetzte Teile Deutschlands an die Sowjetunion abgetreten. Tagelang saßen wir in der Küche von Nachbarn, erwogen, hofften, scheuchten Zweifel weg. Ging die Grenze östlich an Erfurt vorbei? Berechnungen über der Landkarte brachten keine Gewissheit. Erfurt lag im Zentrum der west-östlichen Verschiebung. Kaugummi kauend, auf Fahrzeugen liegend, zog sich die amerikanische Besatzung in tagelangem Konvoi von Jeeps und Panzern nach Westen zurück. Ich stand an der langen, von Raupenketten dröhnenden Chaussee und ließ mir von bedrückten Stimmen sagen, dass das Ende der sichtbaren Zeit gekommen sei. Die Stadt war ohne Besatzung ausgestorben. Ein Tag war für Hoffnung und Befürchtung frei, die Stille des einen Tages war schlimmer als Krieg. Wer durch das Loch im Zaun zum Nachbarn rannte, glaubte Entsetzliches befürchten zu müssen. Es passierte nichts. Die Angst stand hinter geschlossenen Fenstern und wartete lautlos. Die Welt schien übriggeblieben und wartete lautlos, wie der Kirschbaum des Milchhändlers lautlos nebenan. Ich hockte auf der Veranda und beschaute zwölf atemlose Stunden lang nichts: eine leere Straße. Am nächsten Morgen war DER RUSSE da. Er kam zu Tausenden aus dem Thüringer Wald, mit Panjewagen, in fettiger Uniform, steppenköpfig, asiatische Schreckgestalt. Die kahlrasierten Schädel glänzten stumpf, ein gesprenkeltes Bleigrau. Ich stand an derselben langen, von Pferdegetrappel vibrierenden Chaussee, beobachtete den Einfall einer zusammenhanglosen Armee und ließ mir von bedrückten Stimmen sagen, dass die gefährliche Zeit gekommen sei. Sie kam mit Diebstählen, Überfällen, Verhaftungen, Sperrstunden, Vergewaltigungen und nächtlicher Schießerei. Trampelnde Russen brachten RAZZIA ins Haus und ließen verschwinden, was noch übrig war: Fahrräder, Uhren, Lampen und Porzellan. Nächtlich streunende Banden polnischer und tschechischer Marodeure rächten sich plündernd an ausgepowerten Häusern. Das Dienstmädchen Lucie, seit Jahren in der Familie, ging vor die Tore der Kasernen und verschwand spurlos. Orgien gefährlich betrunkener Offiziere, nackte Frauen rannten auf die Straße. Ich sah: Es gab Frauen, die dicke Bäuche bekamen. Meine Großmutter wusch die Wäsche von Russenfamilien und wurde dafür mit einem Kommissbrot bezahlt. Das Brot war dreckig und musste gesäubert werden. Es wurde in heißem Wasser geschrubbt, am Ofen getrocknet und MIT VERSTAND gegessen. Die Angst aus dem Krieg verschwand in der größeren Angst vor der Unberechenbarkeit, die DER RUSSE brachte. Er entsprach, aufs Barthaar genau, dem Schauerbild, das Angst und Vorurteil überliefert hatten. Er wusch sich in der Klosettschüssel, zerschmetterte Türen und Fenster und schnarchte betrunken kopfunter im

Treppenhaus. Deutsche wurden aus ihren Betten geholt, in Jeeps davongefahren und kamen nicht wieder. Tote Russen lagen morgens am Zaun, wurden in Säcke gepackt und weggeschleift. Die russische Nacht war schreckenerregend, sie erschien mir als Verfälschung der natürlichen Nacht. Es gab Geräusche in ihr, die ich noch nicht kannte. Die Tiere in den Gärten, die Katzen und Vögel, waren gleichsam zum Russen übergelaufen. Raum, Stille und Dunkelheit stimmten nicht überein. Ein Geräusch konnte jederzeit diesen Zustand entlarven. Rennende Füße auf dem Trottoir, lässige Stiefelschritte, marschierende Stiefel, die Flüche von Männern, vor allem der Schrei einer Frau. Gewimmer in einer Wohnung nicht weit von mir. Nichts war entsetzlicher als der Schrei einer Frau. Da wurde am einzelnen Menschen etwas verübt, und das war erschreckender als Bombenalarm. Die Chance eines Wunders war für immer vorbei. Die Kindheit endete im grauen Chaos.

Im Umtausch gegen die Kleider eines gefallenen Onkels wurde – in diskreter Verhandlungsweise – einmal ein ganzer Zentner Kohle erworben. Der Heizer einer russischen Kaserne schaufelte sie in kleinen Mengen beiseite. Großvater, Tauschkomplice und ältestes Kind schafften sie nachts über die Kasernenmauer (draußen stand der goldwerte Leiterwagen). Sie wurde unbemerkt durch leere Straßen gezogen, war schon im Garten und wir atmeten auf, als uns ein Schuster, Einquartierung im Haus, mit Anzeige-Drohung durch den Türspalt erpresste. Die stumme Wut des Großvaters half uns nicht. Wochenlang wärmten zwei Drittel unseres Glücks die Höhle des Schusters.

Ein paar Monate nach Ankunft der Amerikaner erfolgte die erste Massenentlassung deutscher Gefangener aus amerikanischen Lagern. Auf derselben langen Chaussee, nicht weit vom Haus, zogen wochenlang freigelassene Gestalten vorbei, Hinkende, Heulende, Hungernde, Mitgeschleppte, verbissene Restmenschgestalten allein und in Haufen. Tausende in schleichendem Elend, Verwundete an Stöcken, von Luft und Getippel lebend, Beeren pflückend an einem Gartenzaun, barfuß, in halben Hosen und blutigen Lappen. Ich stand täglich an der Chaussee mit dem Auftrag, mich nach meinem Vater zu erkundigen. Von französischen Entlassungen war nichts bekannt. Einzelne Landser behaupteten, etwas zu wissen. Ich schleppte sie ins Haus und sie hockten da, von Großmutter, Mutter und Kind mit Fragen gepeinigt – ohne Ergebnis. Sie waren nicht gekommen, um Auskunft zu geben, sondern um mit Kartoffeln gefüttert zu werden. Gewaschen und satt verschwanden sie auf der Chaussee. Über meinen Vater erfuhren wir nichts.

*

Er zog sich in seine Baracke zurück und machte Notizen.

Er hatte nichts, er wollte etwas haben. Das Gedächtnis bohrte sich in die Vergangenheit und holte abhandenes Leben in diesen Tag. Er memorierte sich selbst durch alle Phasen und fand ein gespenstisches Schema für seine Notierung: Er kreierte die Liste. Was Hoffnung, Heimat und Liebe gewesen war, Enttäuschung, Atem, Offenheit, Mahlstrom und Traum, verschwand, notiert als Namen, auf seiner Liste. Er hatte Zeit und manchmal auch Papier. Papier und Zeit und Gegenwart für die Liste. Erstaunliche Vollversammlung seiner Menschen. Alle Toten und Lebenden auf die Liste. Welches System von Zusammengehörigkeit! Er zeichnete ein Schema unterschiedlicher Sparten. Er spartete in Schulkameraden / Volksschullehrer / Gymnasiallehrer / Universitätslehrer. In Vorgesetzte und Untergebene. In Kriegskameraden (gefallene / verschollene / gestorbene und lebende). In Freunde / Bekannte / Nachbarn / Verwandte / Freunde seiner Eltern / Gestalten der Kindheit. In Ärzte / Mitstudenten / Literaten / Zeitgenossen. In Friedensschauplätze / Kriegsschauplätze / Wohnorte / Ferienorte / Reiseziele. In Wohnungen / Kasernen / Baracken / Untermieten.

Was hatten der Zahnarzt Vögele mit Tante Jenny zu tun? Der Pfarrer Kreusler mit Gundel Krebs?

Der Herr Hirsekorn aus Schlesien mit dem Trompeter von Freiburg oder Klaus Mann?

Der Schüler Volker Aschoff mit Fräulein Hahn? Nichts, außer der Anwesenheit auf seiner Liste. Und Martin Raschke, notiert unter LITERATEN – was war er noch?

Er war weder Kriegskamerad noch Untermiete, also was war er?

War er ein Freund, ein Bekannter, ein Reiseziel oder ein Zeitgenosse?

War er eine Adresse, ein Gesprächspartner, eine Erinnerung mit Vornamen Martin?

War er Kollege, Sachse, Lyriker, Prosaist, Rundfunkautor, Arbeiterkind, Gesinnungsgenosse, Toter, Gefallener oder Opfer des Kriegs?

Familienethiker, Vater von Töchtern, Zechkumpan, Reisebegleiter, Sammler von seltenen Steinen?

Die Liste hielt ihn als LITERATEN fest. O Babylon!

Alle Gebirge und Bücher auf die Liste. Die Kornarten, die Sternbilder, die Frauen und die Großherzöge Badens.

Die Kontinente, die Sonnenblumen und die Breisgauer Handelsfirmen.

Die Bäume, die Bierbrauereien und die französischen Confitüren.

Die Gesteine, Gewässer, Krankheiten, Tierarten und Munitionssorten.

Die Entdecker Jamaikas und die alliierten Kommandeure.

Die ganze Welt und Allahs Namen. Allahs Namen und die ganze Welt.

Er selbst, auf seine Liste gepackt – wohin?

Die Liste auf die Liste.

Rien ne va plus.

*

Einige Male verließ er das Lager zu bewachten Wanderungen in die Umgebung. Er kam an Oasen und Gärten vorbei, sah die Hütten arabischer Bauern, Kamele und Brunnen. Er sah die Höhen des Atlas am frühen Morgen und verfallene Wüstenforts der légion étrangère. Er sah einen Salzsee und wurde weitergetrieben. Einmal mehr sah er die Wüste und den Sand.

*

Im April 1947 stand seine Entlassung fest.

Er war der Abschiedsmensch par excellence, begabt im Verbreiten elegischer Gefühle. Der Blick in die Berge stimmte ihn melancholisch, die Wüste war gut. Kein Mensch konnte sagen, was ihm da draußen bevorstand. Vorsicht dämpfte seine Euphorie – die neue Freiheit konnte bitter werden. Das Ende der ENTWÜRDIGUNG war da, die allgemeine Erleichterung war groß, doch der Abschied unter Männern fiel keinem leicht. Fester Händedruck und Schulterklopfen gab der Stimmungslage den nötigen Halt. Ein paar Kontakte wurden fortgesetzt, die übrigen Gefangenen sah er nicht wieder.

Die Rückkehr nach Deutschland zog sich über mehrere Wochen hin. Es begann der Transport durch die bürokratische Entlassungsschleuse. Lastwagenfahrt durch die Wüste und Wartezeiten am Meer, Gefängnis in Algier und Schiffstransport nach Marseille. Beschämung beim Anblick der deutschen Verwüstung in Frankreich, weitergeführte Lektüren und Abschiedsgespräche. Herzattacken, Skepsis, gedämpfte Befürchtung, Wiederbegegnung mit Kriegskameraden von anno Elba, Erinnerungen an bessere Zeiten im Krieg. Ratlos orakelnd stand man im Kreis, wurde auf Sportplätzen noch zusammengetrieben, gestaucht, gestempelt und numeriert. Man war noch der ungeliebte BOCHE in Gewahrsam. Einige Gefangene starben noch, andere wurden als Kriegsverbrecher in Untersuchungshaft entlassen (man sammelte Brot für sie und versuchte zu trösten). Der Weitertransport durch Frankreich verzögerte sich. Schlaflose Nächte auf Verladerampen, Tage auf Abstellgleisen, Verhöre, Appelle. Langsames Eisenbahnfahren am Ufer der Rhône, durch Lothringen, Elsass und endlich über den Rhein.

Der Anblick des Landes im Sommer betäubte die Freude. Die Weingärten und die Dörfer, der Münsterturm – das war nicht zu fassen. Gemischte Gefühle drehen ihn durch. Die Gefangenenfracht ging an Freiburg vorbei in den Schwarzwald. Letzte Tage in einem Durchgangslager, Verteilung von Geld, Papieren und etwas Proviant, dann Entlassung nach Freiburg. Ein Mensch kam, nicht erwartet, in seine Stadt. Mager, ramponiert und anonym orientierte er sich in einem Trümmerhaufen. Vergangenheit und Zukunft standen still, es war die persönliche Stunde Null und Nichts. Irgendwer erkannte ihn auf der Straße (DAS IST DOCH DER DR. MECKEL, WO KOMMEN DENN SIE HER!). Die trainierte Männlichkeit war plötzlich am Ende. Sie stand da und weinte.

V

HYÄNENOPFER, SELBST HYÄNE.

Eine Verszeile aus den fünfziger Jahren, vielleicht die bitterste Auskunft über sich selbst, jedenfalls eine deutliche Formel für ihn.

Alles in allem: sein radikalster Satz.

Eine Erkenntnis, die als Blitz kam und sein Leben verändert hätte wenn.

Wenn er den Blitz hätte festhalten können.

Aber die Blitzbeleuchtung war zu stark. Er war geblendet und erkannte nichts mehr. Nie wieder fand er sich selbst und die eigene Formel.

*

Neubeginn in der französischen Zone. Er war auf sich selbst und seine Schwäche gestellt. Für heroische Anwandlungen war keine Zeit.

Die erste Trambahn klapperte durch den Schutt, die restliche Stadt war Fußgängerzone. In den zertrümmerten Kirchen wuchs das Gras. Brennnesselplätze und Barackenviertel. Bombentrichter und Explosionsgefahr. Taschenlampenfackel in dunklen Straßen. Trampelpfade und endlose Wege zu Fuß. Der von Gefangenschaft stillgelegte Mensch erschöpfte seine Kräfte in Laufereien. Eine Lebenserlaubnis war schwer zu bekommen. Die dreiheilige Nachkriegsbürokratie (Arbeitsamt, Wohnungsamt und Ernährungsamt) ließ ihn in ihren Wartezimmern sitzen. Die Besatzungsbehörden hatten nichts mit ihm vor. Übernachtungsdasein in fremden Häusern. Suche nach alten Bekannten und verstreutem Besitz (die Bücher, die Kleider, die Schreibmaschine). Schlaflosigkeit und strapazierte Nerven. In den Küchen der Vorkriegsfreunde aß er sich satt.

Ihm war klar, dass er nur in der Provinz eine Chance hatte. Der Name Meckel war dort ein Begriff. Sein Vater und Großvater, Freiburger Architekten, hatten ihm öffentliche Bedeutung verschafft. Die Tradition des anerkannten Namens stellte eine Grundlage seiner Zukunft dar. Er wurde freier Mitarbeiter in der Kulturredaktion einer Lokalzeitung. Eine Notunterkunft wurde sichergestellt. Sie bestand aus einem Zimmer im Dach und einer Waschküche im Keller. Die Mansarde war eng, die Waschküche dunkel und feucht. Das Haus, ein Kasten aus der Gründerzeit, lag zwischen Gymnasien und Bürgerhäusern in einem unzerstörten Wohnviertel. Schön war die Umgebung mit Gärten und alten Kastanien, der Blick auf die Berge und nahes Glockenläuten.

Im Sommer 1947 kam meine Mutter mit mir, zwei Koffern und einem Rucksack aus Erfurt nach Freiburg zurück. Die Reise ging durch drei abgeriegelte Zonen und zog sich über mehrere Tage hin. Verhaftung an der russischen Zonengrenze, Verhöre in einem Gehöft voller Flüchtlinge, Russen und angeketteter Doggen. Schnelle Bezahlung eines Fluchtgehilfen, überstürztes Flüchten aus einer Hintertür, an Scheunen und Gärten vorbei, durch den Stacheldraht, weiter ein Bachbett hinauf und über die Berge. Dann amerikanische Posten und keine Papiere. Übernachtung auf Stroh im Treppenhaus einer Schule (Tausende waren unterwegs wie wir). Wartezeit auf ländlichem Bahngelände und lange, langsame Bahnfahrt in Richtung Westen. Während sich meine Mutter auf dem Bahngelände versteckt hielt, hockte ich ratlos-trotzig auf unserem Gepäck und gab auf Kontrollbefragungen unklare Antworten. Irgendwie – immer irgendwie – kamen wir weiter. Jeder Ort war gut, um verlassen zu werden. Kontrollumschleichungen, endloser Wechsel von Zügen, Bestechung von Bahnbeamten und falsche Papiere. Im französischen Karlsruhe waren wir außer Gefahr und ein paar Stunden später in Freiburg zu Haus.

Meine Brüder waren in verschiedenen Zonen, in den Samthandschuhen der Großmütter untergebracht.

Die Freude auf meinen Vater war grenzenlos. Erinnerung an die frühe Kinderzeit schien mein Bild von ihm vergoldet zu haben. Ich flog zu ihm in das vergoldete Bild. Nach ein paar Monaten war die Verklärung weg. Die Entzauberung war gründlich, verstörend am Anfang, dann endlos grau. Der Halbgott des Kinderglaubens war ein nervöser Mann, Erzieher mit Nachholbedarf an Autorität. Er arbeitete an der Wiederherstellung seiner Familie, das heißt: an der eigenen, bestimmenden Rolle in ihr. Er kontrollierte Kleider, Fingernägel und Manieren, beaufsichtigte Schulaufgaben und nahm jeden Tintenklecks zum Anlass für prinzipielle Verkündigungen über Arbeit, Ordnung, Anstand und Kinderpflicht. Erstmals erschien der Satz WOZU HAT MAN KINDER. Das Kind war für jede Arbeit gut und wurde zu Verrichtungen gezwungen, deren Sinn es nicht einsah. Es fegte die Gräber seiner Urgroßeltern und wusch Geschirr in verordneter

Reihenfolge. Als Tabak in einer Gesellschaft fehlte, wurde es weggeschickt, Zigaretten zu holen, während zu hören war WOZU HAT MAN KINDER und bejahendes Lachen folgte.

Er war nicht länger Zauberer oder Freund. Bedrückend stand er zwischen dem Kind und der Welt, ein verbissener, gequälter und quälender Vorschriftsmensch, der die Gegenwart seines Kindes missbrauchte, um sich selber ins Recht zu setzen. Seine Liebe zu mir wurde wertlos für mich. Zum ersten Mal empfand ich Mitleid mit ihm. Unwiderruflich und immer mehr wurde er zum Symbol für alles Unentrinnbare. Ich ging, als Kind, nicht mehr zu ihm hin. Keine Bitte an ihn und keine Fragen. Fehlendes beschaffte ich anderswo. Ich klaute, aber ich klaute nichts von ihm – nicht weil er der freudlos machende Vorsteher war, sondern ein fremdgewordener Mensch, der sagte: Ich gebe dir zwei Mark und du wirst mir erzählen, wofür du mein Geld verwendet hast.

Es ging ihm nicht gut, und das war einzusehen. Aber sein schlechtes Befinden – nur immer das seine – verdunkelte jeden Tag, und ich konnte nicht glauben, dass der verdunkelte Tag mein Leben sei. Er hielt sich aufrecht zwischen Kopfschmerz, Erschöpfung und permanenter Gereiztheit. Sein schlechtes Befinden schien mich ins Unrecht zu setzen; er versetzte seine Familie – auch Freunde und Fremde – in einen Zustand herzklopfender Ratlosigkeit. Es begann ein Spiel, dessen Regeln galten, solange FAMILIE, sein eisernes Ideal, zur Rechtfertigung aller Mühen und Maßnahmen herhielt. Der Vater war verändert nach Hause gekommen, der Vater war krank, und man hatte Rücksicht auf ihn zu nehmen. Er war etwas hilflos, humorlos und widersprüchlich – aber das würde sich ändern, er brauchte Zeit. Die Rücksicht auf ihn wurde zur Familienkrankheit. Sie war der Grund für das Scheitern dessen, was in der Bindung natürlich und hell sein kann. Die Rücksicht für ihn wurde immer mehr zur Unaufrichtigkeit gegen ihn. Die chronische Unaufrichtigkeit – eine seelische Last – verstärkte die Unaufrichtigkeit des Geschwächten gegen sich selbst. Sie nahm ihm jede Chance einer Selbsterkenntnis. Die Jahre taumelten auf unterirdischer Ballung von Ungesagtem. Das gemeinsame Leben verkam zur Farce, deren sinistre Lähmung ihn nicht erreichte. Das offene Wort gegen ihn hatte einen Herzanfall zur Folge. Die Herzanfälle mussten vermieden werden.

Der Nachkriegsalltag fand in der Waschküche statt. Während

Ratten durch den Abfluss huschten, machte ich Schulaufgaben am einzigen Tisch, hockte dabei, wenn Besucher kamen und hörte ihren Gesprächen zu. Allen Besuchern ging es besser als uns. Das waren Freunde und Schulfreunde meines Vaters, sie kamen vom Land und brachten zu essen mit. Sie lebten in vergleichsweise großen Verhältnissen, sprachen von Kunst und waren in ihr zu Haus. Es kamen die Maler Dinkelsbühler und Thiel, der Schriftsteller Egon Vietta, der Baumeister Bartning. Abends aus den Gesprächen ging ich fort, um bei anderen Leuten zu übernachten. Dort gab es ein Bett, auf Zeit zur Verfügung gestellt. Ein Jahr lang schlief ich in fremden Betten, und das war, trotz der Umstände, fast ein Privileg. Das frühe und späte Trödeln durch die Straßen, das freie Atmen und langsame Sehen-Lernen, der unüberwachte Alleingang war mein Glück. Einen Winter lang schlief ich in der ungeheizten Dachkammer von Verwandten. Paula, ein Faktotum seit vierzig Jahren, alte, krumm geschuftete, lächelnde Paula, legte mir abends einen Apfel aufs Bett. Die Kammer, das Bett und die Äpfel waren kalt. Die Äpfel, das Alleinsein in der Kälte und nächtelanges Lesen im Schrank gefundener Bücher (Ritterromane, Quo vadis und Don Quijote) wurden zum Traum, der das fehlende Glück ersetzte. Der Rest war Enge, Enttäuschung und Überdruss. FAMILIE wurde zur gewöhlichen Last und mein Vater zu einem, der nicht mehr in Frage kam.

*

Hamsterfahrten mit meinem Vater, an Sommer- und Herbsttagen vor der Währungsreform. Kriegsversehrte Züge der Schwarzmarktzeit. Reparierte Bahnschwellen, Bummelzüge, überfüllte Triebwagen an den Oberrhein. Endlose Fußwege zu den schläfrigen Dörfern. Magerer Kriegsheimkehrer und mageres Kind mit leerem Rucksack auf entlegenen Straßen. Schmierestehn am Straßenrand – und blitzschneller Seitensprung in die Bauerngärten. Gekaperte Kohlköpfe, Äpfel und grüne Tomaten. Großartiger Diebstahl eines unscheinbaren, friedfertig aufwachsenden Blumenkohls. Stolze Handvoll unrechtmäßiger Bohnen. Herrliche, immer erfolgreiche Mundraub-Routine.

Besser noch, bei Freunden zum Essen eingeladen zu sein. Raus aus der Waschküche, aus der zertrümmerten Stadt in geräumige, helle Häuser auf dem Land. Dort gab es Speck, Kaffee und Hausmacherwürste. Volle Brotkästen, volle Speisekammern und volle

Weinkeller. Es gab frische, freie Milch und nicht nummerierte Kartoffeln. Ganz natürliche, aufenthaltsgenehmigte und besatzungsfreie Obstgärten voll friedensfeierlicher Birnen und schuldloser Nüsse. Es gab unversehrten Most und nicht kriegsbeschädigten Wein, gut genährte Pflaumen und unbelastetes Brot. Es gab den üppigen, ersten Fresslust-Frieden, und es gab den ersten stillen, gerechten Rausch. Es gab das Ausnahmegesicht des zufriedenen Vaters und es gab die Freude des Kindes für einen Tag. Es gab den kiloschweren Triumph im Rucksack – große Zeit der zivilen Kartoffelfeldzüge – und es gab die unvermeidliche Rückkehr in die Waschküche. Es gab das Erzählen privatwirtschaftlicher Heldentaten, und es gab die schönen, zu schönen Träume aus Familiengefängnis und Ruinen hinaus in ein Jerusalem aus Licht, Luft und Schokolade.

*

Das Haus, in dem er aufgewachsen war, grenzte an die Mauer des alten Friedhofs. Zwischen den Gräbern hatte er gespielt, die Platanen und Laubgänge waren ein heimliches Eden.

Während des Krieges waren dort Bomben gefallen. Aufgerissene Gräber, zersplitterte Bäume. Er sammelte die Scherben der Grabsteine, sortierte, bezifferte sie und deponierte sie in einem Friedhofsschuppen. Er machte das mit Sorgfalt und Leidenschaft, als beseitigte er einen sehr persönlichen Schaden. Niemand hatte ihn darum gebeten. Bevor das Stadtbauamt sich der Gräber annahm, verhinderte er, dass etwas verlorenging. An Sommerabenden (ich sah ihm zu) kratzte er Schutt und Knochen auseinander, und während er nach bestimmten Scherben suchte, erzählte er mir die Entstehung des Friedhofs, die Geschichte der Bürgerfamilien und ihrer Namen. Er zeigte mir das Grab Christian Wenzingers und das Grab eines badischen Offiziers, der als Mörder Kaspar Hausers galt. Erklärte mir Steinmetztechnik und was ein Relief sei. Machte mich aufmerksam auf die elegisch-pathetische Grabkunst des Barock.

Ich verdanke ihm die Kenntnis vom roten Sandstein.

*

1949 verirrte sich ein seltsamer Vogel in das von WHO IS WHO IN GERMANY aufgesteckte Licht Eberhard Meckel. Das war Charles Lindbergh auf Europareise, ein beneidenswert lässiger Herr aus Happy Far West, und er war meines Vaters wegen nach Freiburg gekommen. Wer war E. M. für den amerikanischen Volkshelden? Ein weiterer Stern in seinem Prominentenkalender. Er saß einen Nachmittag lang Tee trinkend im kleinen, schlecht tapezierten, mit Büchern vollgestopften Zimmer meines Vaters, auf dem zur SITZGELEGENHEIT gemachten Bett (die Kissen stammten noch aus der Währungsreform und waren umgenähte alte Gardinen) und unterhielt sich mit meinen Eltern, das heißt: mit dem nicht weiter vorhandenen Wortschatz meines Vaters und dem von Eliot und Yeatslektüren geprägten, halbakademischen Englisch meiner Mutter im guten amerikanischen Glauben, es handle sich hier um deutsche Prominenz. Dieser Einbruch verkörperten Weltgeschehens in die enge Etage des Siedlungshauses voller Wintermäntel und knarrender Dielen war ganz unfassbar. Die Sache war kurios und so märchenhaft, dass sie selbst meinen Vater amüsierte. Es wäre unmöglich gewesen, zu behaupten: Wir haben Besuch von Mister Lindbergh erhalten. Wir erzählten den Vorfall, als sei er unsere Erfindung, und sagten: Als nächstes erwarten wir den Kaiser von China.

*

Von 1949 bis zu seinem Tod lebte er in der Etage eines neuen Siedlungshauses im Stadtteil Herdern (er hatte, um Wohnrecht und Vertrag zu bekommen, wochenlang als Arbeiter mitgebaut). Das erste Jahr war eine gute Zeit. Möbel und Bücher waren zusammengetragen, alle Köpfe unter einem Dach. Im Inselverlag erschien ein Band gesammelter Gedichte. Seiner Mitarbeit an Funk und Zeitung stand nichts im Weg. Er hatte sich selbst und seine Familie in einer haltbaren Fassung untergebracht. Sie blieb dieselbe bis zu seinem Tod.

Für seine Kinder war sie das Ende des Glücks. Sie wurden in ein kleines Zimmer getan. Die Kleinheit der Wohnung entsprach den Wünschen des Vaters: Er überschaute das enggerückte Geschehen. Täglich saß er an seinem Tisch (an kalten Tagen die Füße im Kasten aus Fell, einer ZUSATZHEIZUNG der Nachkriegszeit) und tippte Brotarbeit in die Schreibmaschine. Am Schreibtisch sah ich ihn sitzen, schreiben und denken. Seine Art zu denken war ein Sinnieren, ihm fehlten Leichtigkeit, Frische, vor allem Humor. Verwundert sah ich einen Menschen sitzen, der niemals Souverän seiner Kräfte war. Ich sah einen Arbeiter ohne Distanz zur Arbeit und bestaunte den Schwerarbeiter, der seine Kräfte verbrauchte, zuverlässig, pünktlich, und schwach bezahlt.

Der lebte nicht leicht über seine Kräfte hinaus, der schuftete, was das Zeug hielt, für seine Familie. Das Zeug war erstaunlich stabil trotz erschöpfter Nerven. Ich dachte: ein armer Kerl, und war beschämt, und wusste doch: Der hatte das Schuften gewollt. Ohne Schuften gab es kein Leben für ihn, er brauchte das Schuften, da ihm die Schwebe versagt war. Kein Flügel, aber Schuhe aus Blei. Ohne sie wäre er in Schwermut zerronnen oder von Skrupeln und Ängsten gefressen worden. Seine Geldarbeit, als FRON empfunden, war die sichere Methode, nicht unterzugehn.

Er hockte, vernebelt von Nachdenklichkeit, im Zustand nervösen Brütens da, in halb geschriebene Sätze horchend, Gedanken gleichsam erhorchend, ein Thema durchgrübelnd. Denken ohne Schreiben war nicht sein Fall, er brauchte ein Schriftbild als Grundlage seines Denkens. Das Denken Diderots geschah dialogisch und laut, verbale Extroversionen en permanence. Das Denken Leopardis war tragische Monologie. Stendhal diktierte die Chartreuse de Parme in sieben Wochen, seinen vorausgedachten Text übersetzend. Flaubert schrieb die Madame Bovary in fünf Jahren, Prosa zusammenschuftend, Wort für Wort, in Satzversuchen denkend und Sprache notierend, um überhaupt zum Denken zu kommen. Mein Vater gehörte zum Typ des KOPFARBEITERS, der schwerbeweglich und langsam ordnend dachte. Denken stellte für ihn eine Anstrengung dar.

Er war ein guter Rezensent und wäre ein noch besserer gewesen, wenn er Kritik nicht als Lohnarbeit, sondern als Literatur hätte auffassen können. Kritik (im Bereich von Literatur und Kunst) schien seine stärkste Fähigkeit – Beschäftigung mit Sachen, die außer ihm waren, lenkte ihn von sich selber ab. Ästhetischer Eklektizismus und Nachempfindung, der schöngeistigkritische Nachvollzug von Gemachtem, waren ein Kapitel, das er unterschätzte. Er sah sich als DICHTER und litt unter seinem Beruf. Er verfasste ein paar hundert Rezensionen, Presseartikel und Feuilletons (es war das schwer verdiente KLEINE GELD). Er besprach belletristische Neuerscheinungen, kunsthistorische Jahrbücher und die badische Kalenderproduktion. Er rezensierte Theaterpremieren, Kammerspiele und Filme, schrieb über Musicals, Beckett und Thornton Wilder, Shakespeare und Strohfeuerstücke der letzten Saison, über Liebhaberaufführungen in der Provinz und Studententheater. Er verfasste Artikel zu Weinproben, Eröffnungen, Schwarzwälder Kursälen und jährlichen Hebelfeiern im Wiesental. Über Dichterlesungen in der

Stadtbibliothek und Kunstausstellungen in der Region. Seine kaum unterbrochene SCHREIBEREI ergab so etwas wie einen Lokalkatalog der Kulturereignisse nach der Währungsreform. Die Kulturpolitik der Besatzungsbehörden war progressiv. Sehr früh nach dem Krieg waren Institute da, in denen Konzerte und Reden zu hören waren. Ins bewusstlose Freiburg brach die bewusste Welt. Man war nach Paris und Zürich orientiert – Existentialismus und Schokolade. Sartre, Camus und die Ismen der vierziger Jahre wurden zum überall nachdiskutierten Begriff. Kellertheater, Stadttheater und Kunstverein, Musikhochschule und Universität hielten den Wiederaufbau der Epoche im schläfrigen Weinland fest. Beckett, Orff oder Dallapiccola wurden, kaum publik, nach Freiburg gebracht. Die ersten Schulbücher für den Deutschunterricht waren die besten, die es in Deutschland gab. Weltliteratur (nach französischem Maßstab sortiert), Chanson, Sozialkritik und Menschenrechte, Aufklärung der ungemütlichsten Art überforderte die Gymnasialprofessoren (sie waren in der Partei gewesen und hatten Mühe, sich glaubhaft zu präsentieren). Erstmals las ich Heine, Herwegh und Lessing, Engels, Voltaire, Diderot und REVOLUTION. In den Korridoren des CASINO, zwischen verrammelten Tanzsälen, sah ich die ersten Ausstellungen nach dem Krieg, Picasso, Beckmann, Camaro, Masson und die neuen Abstrakten der Ecole de Paris. Das alles war widersprüchlich, begeisternd, neu – und überwältigend für ein Kind, das unterernährt und ahnungslos aus der russischen Zone gekommen war.

Mein Vater verfolgte das alles als Journalist, fest verpackt in solide Empfindsamkeit. Es blieb für ihn selbst und für das, was er schrieb, ohne spürbare Wirkung. Selten sah ich einen begabten Menschen, der zu Verwandlungen unfähig war wie er. Er gab an der Volkshochschule beliebte Kurse zur Einführung in die Literatur. Er besuchte die Künstler in ihren Ateliers, beobachtete ihre Arbeit und setzte sich für sie ein. Sie verdankten ihm Anregung, Durchsetzung ihres Namens in der Presse und Kritik zur Sache (in ähnlicher Weise trat er für Schauspieler ein). Er nahm an Journalistentagungen teil, reiste zu Buchmessen, griff in lokale Kulturdebatten ein und wurde als Journalist zur stadtbekannten Person.

*

Der Schriftsteller blieb in dem, was er noch verfasste, hinter allen literarischen Progressionen der Nachkriegszeit zurück. Er schien an neuen Kontakten nicht interessiert, obwohl sie ihm als Rezensent möglich waren. Er besuchte noch Horst Lange und Günter Eich, er selber wurde von Goes und Huchel besucht, man schickte einander die neuen Publikationen, aber das alles blieb ohne Folgen für ihn. Die Freundschaften der dreißiger Jahre wurden von keiner Seite wieder aufgenommen. Das Zutrauen in die eigene Sprache verschwand, die tägliche Brotarbeit zerfraß seine Kräfte. Er setzte die Forschungen über Hebel fort, edierte und interpretierte, als einer der ersten, den verhäuslichten Kreateur der alemannischen Sprache aus lokaler Verharmlosung hinaus in die klassische Literatur (seine beste Prosa war ein Text über ihn). Eine Auswahl der eigenen Gedichte, sein letztes Buch, erschien im Aufbauverlag in der DDR. Das verschaffte ihm Feinde im konservativen Baden und bestärkte ihn in dem Glauben, ein Autor von gewisser Bedeutung zu sein. Aber im Allgemeinen – und immer mehr – beschränkte er sich auf die gegebenen Bekanntschaften in der Provinz. Es gab dort, von ihm begründet und fortgeführt, eine lockere Gruppe schöngeistiger Autoren, den FREIBURGER KREIS. Das waren Feuilletonisten und schreibende Ärzte, lokalbedeutende Namen wie Franz Schneller, der Balzac-Übersetzer Ernst Sander und Heinrich Weis. Unter ihnen Kurt Heynicke, weißhaarig, alt. Er galt als letzter lebender Expressionist (einst jüngster Autor der MENSCHHEITSDÄMMERUNG), hatte sich während des Dritten Reichs durch Unterhaltungsromane literarisch kompromittiert und war in langer Resignation verbittert. (Ich besuchte den alten Mann in seinem Dorf, er saß vornübergesunken am Küchentisch, vital und sauer, ein Mensch ohne große Erfolge, der im Alter seine besten Gedichte schrieb und lebendiger war, als die schiefen Mundwinkel wollten.) Man traf sich in Wohnungen oder Weinlokalen, malträtierte, befeindete sich, versöhnte sich wieder und besprach aus lokaler Sicht die neuen Tendenzen. Verschiedene Herren sprachen sich gegen sie aus, zeigten sich animos gegen Zeitgenossen und wehrten politische Aspekte ab. Ein kurioser Verein mit gehobenen Interessen und, nolens volens, eine Welt für sich.

*

In Freiburg lebte, schwebte und verschwand so etwas wie ein guter, lokaler Geist.

Der hieß Toni Müller und war ein alter Mann. Er war vor dem Ersten Weltkrieg nach Prag gekommen, hatte dorf Kafka oder

Werfel gekannt, AUS VERSEHEN einen Gedichtband veröffentlicht, dann den Krieg in einer Kanzlei vertrödelt und Einberufungslisten durcheinandergebracht. Später war er in Freiburg hängengeblieben. Er lebte als Kolumnist der lokalen Zeitung, unter Pseudonym, von wenigen Zeilen, eine Spalte an jedem Wochenende (was Kollegen für ein Essen bezahlten, reichte dem Taschengeldkönig zehn Tage lang). Er verfasste kleine Feuilletons, Glossarien zur alemannischen Sprache im Tonfall eines charmanten Plauderonkels, erklärte die Herkunft alemannischer Wörter, ihre alte und neue Bedeutung und deren Gebrauch, ein Semantiker ohne Titel oder Diplom und selbstloser Vorarbeiter der Wissenschaft.

In der Art eines friedlichen, alten Hundes trabte er, immer allein, durch die schöne Stadt, arm, aber sauber, ein Baskenmützengespenst. Er lebte irgendwo in Untermiete (kein Mensch schien seine Höhle betreten zu haben), strömte vor Zustimmung über und hatte keinen Feind. Isolation schien ihn veranlasst zu haben, sich in die grenzenlose Bejahung zu retten. Grundsätzlich lächelnd, lächelnd für alle Fälle, lief er lächelnd durch die lokale Welt, verstreute Anekdoten (immer dieselben) und wurde zum Heiligen ohne Schein und Tadel. Das unbewaffnete Individuum entwaffnete jeden. Gern entwaffnet saß ich mit ihm beim Wein und hörte den immer gleichen Gedichten zu. In strömendes, stilles Gelächter verpackte Geschichten. Anekdoten, um nicht von sich selber zu sprechen. Anekdoten – eine diskrete Methode, auf Tränenkrügen zu tanzen und nichts zu verschütten. Ein sehr bewusst reduziertes Leben, in dem der alte Ahasver zum Vorschein kam, auf Spaziergängerbasis in der Schwarzwälder Weltstadt. Er hatte beschlossen, sich selber komisch zu finden, vermutlich die einzige Chance, nicht unterzugehen. So lebte er irgendwie und starb irgendwann, ein LIEBLICHER BERG, der keinem geschadet hat.

Ich beantrage für ihn einen Platz im Paradies, das heißt: in der von Gedalje und Isaac Babel gegründeten INTERNATIONALE DER GUTEN MENSCHEN.

*

Sein Gewissen war angeschlagen. Die Frage nach deutscher Schuld ließ ihm keine Ruhe. Sie war nicht zu beantworten ohne die Preisgabe seiner mit Nachdruck behaupteten, persönlichen Rechtschaffenheit. Aber er gab seine Rechtschaffenheit nicht preis.

Mit Punktsiegen hoffte er über die Runden zu kommen.

Aus dem, was er sagte, war nicht zu erfahren, was er während der NS-Zeit getan und was er gedacht hatte. Seine Rolle im großen Zusammenhang wurde nicht deutlich. Was er erzählte, blieb anekdotisch: die Scheußlichkeiten des Krieges – IHR HABT KEINE AHNUNG! Wir hatten keine Ahnung und glaubten ihm. Er äußerte Abscheu über die deutschen Verbrechen, und es gab ein paar unklare Stellen in dem, was er sagte. Er schien der gerechten Empörung nicht sicher zu sein. Das persönliche Schuldempfinden und seine Verdrängung – sein Leben hing immer mehr von Verdrängungen ab – gab der Bewusstseinsmotorik täglich zu schuften.

Er machte jetzt lauter gute und richtige Sachen. Er machte sie aus der Verantwortlichkeit des Bürgers, und er machte sie zur Beruhigung seines Gewissens. Er spendete Geld für weltweite Hilfsaktionen, für humane, soziale und politische Zwecke. Er unterstützte die lokale SPD. Er trat bei Bürgerversammlungen auf, setzte sich gegen die Notstandsgesetze ein, machte sich kritisch in öffentlichen Diskussionen bemerkbar – und das alles war richtig. ANSTÄNDIG war das, wie er selber sagte. Es war unumgänglich, das Richtige jetzt zu tun, und er tat das Richtige mit Betonung. Er war ein wenig zu viel damit beschäftigt, und es war ein wenig zu viel die Rede davon. Ein sonderbar ruheloser Nachdruck beschwerte die Richtigkeit dessen, was er machte. Er hatte Belastungen abzuarbeiten. Er sammelte Punkte.

Seine Kriegserzählungen endeten in der Behauptung, dass er sich durchweg TADELLOS VERHALTEN, dass er – zum Beispiel – seinen Vorgesetzten widersprochen habe. Dass er sich für Menschen eingesetzt und das Schlimmste häufig verhindert habe. Mehrmals erzählte er denselben Vorfall. Erinnerungen an einen Militärtransport durch das besetzte Polen. Der Zug hielt in der Nähe eines Dorfes, man drängte sich an die Fenster und sah in die Steppe. Frauen und Kinder standen bettelnd am Bahndamm und ließen sich die Soldatenwitze gefallen. Mein Vater warf ein Stück Brot (EINEN GRÖSSEREN KANTEN) in die Hände einer jungen Polin. Sie dankte ihm weinend und rannte ins Dorf.

Er sagte: Das war doch eigentlich ganz anständig von mir. Ich hätte das nicht zu machen brauchen.

Ähnliche Geschichten hörte ich oft. Meine Jugend war voll von seinen guten Taten, und ich war überzeugt, einen unbezweifelbaren Vater zu haben. Später erkannte ich den Zusammenhang: Das ursprünglich Selbstverständliche seiner Reaktion war ihm inzwischen ein paar Pluspunkte wert. Die nachträgliche Aufwertung einer spontanen Geste zur guten Tat eines Deutschen empörte mich. Er schien an den Sinn dieser Schuldverrechnung zu glauben. Weniges beelendete mich so sehr wie die Punktsieg-Strategie seines trüben Gewissens.

Ich ließ mir sagen, dass ich im Unrecht sei. Ehemalige Soldaten belehrten mich, dass die gute Tat (das gespendete Brot) seinerzeit Zivilcourage erfordert habe. Unter den damaligen Voraussetzungen (DEUTSCHE BESATZUNG IM FEINDLICHEN POLEN) sei diese Handlung möglicherweise strafbar, keinesfalls jedoch ohne Risiko gewesen. Wer ein Stück Brot gegeben habe (was nicht häufig vorgekommen sei), habe sich unliebsam bemerkbar gemacht. Er habe sich der Gefahr ausgesetzt, von Kameraden denunziert zu werden (man habe selber nichts zu fressen gehabt). Ich höre die Sätze mit einem Schwindelgefühl, weiß das nicht besser und will nicht Recht behalten. Aber die Verrechnung des Brotes betrübt mich. Die Belehrung über den Vorfall macht mich nicht froh.

*

Der Wunsch nach Erinnerungen, die es nicht gibt, und der Wunsch nach Gesprächen, die nicht geführt wurden. Die Vorstellung, Gedichte von ihm zu entdecken (in einer Schublade unter Steuerpapieren), die sein Dasein in den Schatten stellen.

*

Wenig in ihm war selbstverständlich da. Es fehlte die Fähigkeit zu improvisieren, es fehlten ihm Selbstvergessen und Nonchalance. ZWANGLOS, GANZ ZWANGLOS war ein häufiger Wortlaut, und HEITER, GANZ HEITER sein unerfüllbarer Wunsch. Was immer er sagte – er betonte es. Was immer er tat – es wurde von ihm unterstrichen. Der defizitäre Bodensatz seines Wesens forderte, ständig gespannt, die Bestätigung seiner Person. Sein Selbstvertrauen, von Kind an gestört, war nach dem Krieg auseinandergefallen und wurde gewaltsam – täglich neu – auf Kosten seiner Familie hergestellt.

Da er nicht länger nur als Vorstand seiner Leute auftreten konnte; da der patriarchalische Auftritt immer unglaubwürdiger wurde; da sein schon immer verfehltes, von Anfang an anachronistisches Chef-Bedürfnis nicht Dankbarkeit, sondern Ablehnung fand; da er doch immer nur der Familienvorstand, der alles bestimmende Mann im Haus sein konnte (es half ihm nichts); da er die Rolle von oben nach unten spielte, ohne zu ahnen, dass die Familie nicht ihn, sondern er die Familie und ihre Gefügigkeit brauchte; da er sich selber niemals durchschaute, rettete er sich in den progressiven Ersatz. Für den Rest seines Lebens deckte er sich mit allen verfügbaren Illusionen ein. Um unbeweglich derselbe bleiben zu können, setzte er neue Identität in Bewegung und festigte sie durch Kernspruch, Maxime, Zitat. Er musste sich als Kern der Familie erhalten, obwohl er nur ihre geplatzte Schale war. Koste es, was es wolle, es kostete alles. Die Kräfte seiner Frau erschöpften sich bei dem Versuch, Leben und Lebenlassen erträglich zu machen.

Er machte sich zum Wohltäter seiner Familie. Der Vorstand versuchte sich als Partner und Freund. Dem versuchten neuen Verständnis für seine Rolle wurde jeder einzeln angepasst. Was immer wieder nur Familie sein sollte, wurde dem neuen Stil seiner Selbstbehauptung unterworfen. Die Freundschaft war peinigend, das Verständnis lästig, das tägliche Atmen erstickte in süßem Zwang. Was ihm mit Vorschrift und Diktat nicht gelang (zu beherrschen und geliebt zu werden), das gelang ihm mit Güte, um jeden Preis. Der Samthandschuh des Saturn wurde spürbar, der hatte die Sache seines Wissens im Griff. Er chauffierte seine Leute, wohin sie wollten, zu Bahnhöfen, Partys, Konzerten und Schulen, Ferienzielen, Verabredungen aller Art – und er holte sie wieder von dort ab. Er stellte ihnen Auto, Bibliothek und Weinkeller zur Verfügung. Er half im Haushalt und machte es allen recht. Durch tausend trickreich geöffnete Hintertüren verschaffte er sich Zugang zu ihrem Leben. Er warb um sie mit Hilfe und Geschenk, schickte ihnen Pakete, die sie nicht wünschten, kaufte Bücher, die sie nicht brauchten, Kleider und Schuhe, die ihnen nicht mehr fehlten. Er besuchte sie, wo immer sie waren, und warf doch wieder nur sein Lasso aus. Es gelang seiner Güte, sie ins Unrecht zu setzen. Der Dank seiner Leute ließ auf sich warten. Er äußerte und notierte seine Klagen: Es ermüde ihn, die Wünsche seiner Kinder zu erfüllen, die maßlosen Ansprüche solcher Egoisten. Es gab keinen Anspruch und keine Wünsche an ihn: Er stopfte mit großer Geste Zwanzig-Mark-Scheine in ihre Jackentaschen, notierte die Summen und erklärte später: Er habe dreihundert Mark in zwei Jahren gegeben, das mache nichts, es handle sich nicht um Schulden, es habe keine Bedeutung, er sage es nur.

Bewusstlose Selbstverminderung eines Menschen. Seine Zerbrochenheit quälte die Kinder (sie wussten noch nicht, dass diese Vaterschaft – der entthronte, hilflos gewordene Despot – bezeichnend war für die ganze Generation). Dass er sie liebte, erschwerte ihren Protest. Ratlosigkeit vieler Jahre, Beklommenheit. Die Luft blieb weg, das Lachen setzte aus. Dem psychischen Dilemma des Vaters waren die Kinder noch nicht gewachsen. Sie hatten keine Geduld für ihn, sie hatten vor allen Dingen keine Zeit. Sie suchten ein vaterloses Leben für sich, sie forderten Freude und brauchten die ganze Welt. Als ihr Verständnis sich bildete, war noch Zeit. Er starb in der Langmut derer, die ihn kannten.

*

Er hatte die Ferien in Tirol verbracht und war mit einem Votivbild nach Hause gekommen.

Das Bild kam aus einer Kapelle in den Bergen. Er habe es in der Sakristei entdeckt und mitgenommen, weil es verwahrlost sei. Es war über hundert Jahre alt, Ölmalerei auf kleinem Kirschholzbrett, und stellte einen Unfall dar. Ein Bauer war unter sein Fuhrwerk geraten. Er lag mit plattgewalzten Beinen zwischen den Rädern eines mit Baumstämmen beladenen Wagens. Im weiteren Gelände verlief ein Weg, dort standen bravgesichtige, dicke Pferde und ein paar Tannen mit erdbeerartigen Zapfen. Darüber saß die Madonna in ihrer Wolke, von grob gepinselten Schnörkeln der Bittschrift umflogen, und sah mit grauen Augen nirgendwohin.

Er wickelte das Bild aus ein paar Tüchern und präsentierte es: MEINE ENTDECKUNG!

Dann besorgte er Ölfarben, Pinsel und Terpentin. Obwohl er Brotarbeit zu erledigen hatte, saß er tagelang an seinem Tisch, reinigte den Rahmen und verstopfte die Holzwurmlöcher mit farblosem Leim. Er übermalte die schönen, rissigen Flächen, zog graue Konturen mit schwarzer Farbe nach und begrub die natürliche Patina unter Make-up. Er hatte noch nie ein Bild restauriert, sein Dilettantismus war verheerend, aber das störte ihn nicht, seine Freude war größer. Das alles geschah in der Absicht, das Bild zu behalten. Es wurde zum Familiengespräch.

Hatte er das Bild gestohlen?

Von Diebstahl könne keine Rede sein. Er habe das Bild nicht gestohlen, sondern gerettet. Er habe es gewissermaßen entliehen.

In der Kapelle sei es falsch am Platz. Es sei dort der Witterung ausgesetzt und vor Dieben nicht sicher, werde zwangsläufig beschädigt, die Kapelle sei alt, das Türschloss zerstört. In seinem Zimmer sei es aufgehoben, obwohl er es nicht als Besitz betrachte. Er betrachte es als Leihgabe – nun ja, als Leihgabe auf unbestimmte Zeit.

Also werde er das Bild in die Kapelle zurückbringen? Das werde man sehn.

Wir sagten: Es sei selbstverständlich, dass er das Bild zurückbringen werde. Etwas anderes sei nicht zu erwarten. Als Katholik sei er verpflichtet, das Bild instand zu setzen und abzuliefern. Ein Jahr lang hing es im Zimmer meines Vaters. Wir fragten immer wieder, was mit dem Bild geschehen werde, und er antwortete ausweichend. Das Bild gehöre dem, der es rette und pflege. Das Spiel war boshaft, und er merkte es nicht. Wir gönnten ihm das Bild (es gefiel uns sehr), wollten aber wissen, ob er zur Rückgabe zu bewegen sei. Ein standhafter Kirchendieb war er nicht. Obwohl er nicht die Absicht hatte, Ferien in Tirol zu verbringen, fuhr er hin und brachte das Bild in die Kapelle zurück.

*

War die Katze aus dem Haus, tanzten die Mäuse auf dem Tisch. Aufgedrehte Musik und offene Türen, Freunde und Freundinnen, Unordnung in der Nacht.

Nicht verordnete, schöne Heiterkeit.

Oder aber Ruhe, tiefe Ruhe. Uneingeschränkte, vaterlose Ruhe.

*

Er schien für viele etwas zu bedeuten, und wer sein Geschwächtsein nicht kannte, sah ihn gern. Außerhalb von Familie und ALLTAGSKRAM (und sofern seine Zwänge sich nicht zerstörerisch zeigten), als Kritiker auf einer Vernissage, nach Theaterpremieren in einem Weinlokal, stellte er sich als intakte Persönlichkeit dar. Er hatte in München Kunstgeschichte bei Wölfflin und Germanistik bei Kutscher studiert, ein unakademischer Dr. phil. mit der schöngeistig-schwebenden Aura des Literaten, ein namhafter Mensch, der seinen Wert betonte. Die Bekanntschaften waren zahlreich, die Freundschaften alt, Literaten, Professoren und Redakteure, Schauspieler, Ärzte und Kaufleute aus der Provinz, das sah nach einem fundierten Leben aus und wäre unangreifbar gewesen, wenn es mit freien Kräften gelebt worden wäre.

*

Wünschelrutenprosa.

Die Wünschelrute schlägt aus bei jeder Erinnerung an das Fatale, Fragwürdige und Entsetzliche.

Sie schlägt aus beim Gedanken an alles, was gut war. An alles Unbezweifelbare des Menschen.

*

Ich hätte ihn gern als offenen Menschen gekannt, jedenfalls etwas offener und sehr viel befreiter. Ich würde gern zu seinen Gunsten erfinden, sehr gerne für ihn schwindeln und für ihn zaubern.

Ungern lasse ich seine Schwächen auf ihm sitzen, das Geschwächtsein zum Tod und sein Verlustgeschäft. Ungern lasse ich meine Kritik auf ihm sitzen. Zweifelnd sucht Erinnerung sein Wesen, nimmt sich was raus und macht Prosa damit.

*

Wenn die Kinder nach Hause kamen, aus Freundschaften, Ferien und erster Liebe, aus Epochen des Lichts und der Unbedenklichkeit, Zeitaltern voll Schnee

wenn sie erschöpft in der Gartentür standen, mit Fahrrädern, Schultersäcken, Beulen und Sonnenbrand

wenn sie mit zerrissenen Hosen kamen, mit kleinen Schulden und wenig Verspätung, mit ruinierten Schuhen und schmutzigen Pfoten.

wenn sie mit heißen Köpfen durch die Wohnung rannten, voll märchenhafter Berichte, und ihre Begeisterung zeigten (ein furchtbarer Fehler)

wenn sich herausstellte, dass sie glücklich waren, außerhalb des Hauses, in aller Welt, auf Festen und Vagabondagen, jenseits des Vaters

wenn sie in vollem Umfang (so schnell nicht wieder getarnt) die enge, immer gleiche Wohnung füllten – dann war der Zauber nach einer Stunde vorbei. Der Vater ließ das Badewasser ein.

Es folgte die gründliche Beseitigung alles Eingeschleppten: der Staub an den Beinen und die offene Freude, der Schweiß in den Haaren und die befreite Erfahrung, das Glück ohne Elternteile, Kontrolle und Pflicht. Das Kind hatte seine Ferien gehabt, jetzt wurde seine Schultasche aufgeräumt. Nach einer Stunde erschien es in der üblichen Pressform: als Familiengeschöpf. Die laute Lebendigkeit war verstummt, gewöhnlicher Mehltau deckte die Träume zu. Der Vater war mit dem Anschein von Ruhe zufrieden. Er hatte die Abwesenheit der Kinder benutzt, um ihre Schränke aufzuräumen.

Alles in Ordnung.

*

Alles, was der Kindheit und Jugend fehlte. Alles Fehlende zusammengenommen.

Früh, durchdringend und unbegreiflich, bildete sich die Erfahrung eines ungeheuren Mangels.

Es fehlte in allen Verhältnissen an Raum. Es fehlte an Wohnraum, an Zimmern und offenen Passagen. Es fehlten Schlupf und Winkel und eigenes Versteck. Es fehlten Tische, Stühle, Spielzeuge, Radios und Kommoden, es fehlten die zwecklosen, schönen und üppigen Sachen. Es fehlten die freien Wände und also die Bilder, es fehlte der Schrank für das bescheidene Geheimnis. Es fehlte das abschließbare eigene Zimmer und also das Singen, Rennen, Träumen und Jubeln. Das Spiel verstummte, das Trödeln entfiel, das Absentieren, der Rückzug, die Nacht allein. Der Reichtum vermögender Leute ist das Geld, aber mehr noch der Platz und die Verschwendung von Raum, viel mehr noch die uneingeschränkte Beweglichkeit. Der Vater machte sich Sorgen, ein sparsamer Mensch, und das Brot in den Brotkörben der Familie war klein. Die Kinder entstammten einem Milieu, das nicht existierte: Schmalhänse aus intellektuellem Proletariat. Sie waren schlechter gekleidet als andere Schüler, bescheidener ernährt und alptraumhafter zu Haus. Das jüngste Kind trug die Hosen der älteren auf, ein reicher Onkel schickte gebrauchte Kleider. Schön ist eine Wohnung mit überflüssigen Zimmern, herrlich sind unbenutzte Winkel, Kellerlöcher, Verschläge, Speicher und Veranden, Mädchenzimmer, Gastzimmer, Badezimmer, Speisekammern, Treppenhäuser und Mansarden. Beneidenswert schön sind alte Garderoben, geräumige Toiletten und offene Balkone. Im Haus meiner Großeltern gab es ein Ankleidezimmer, die Wohnung meines Vaters enthielt weniger als das Notwendigste. Die Beschränkung wurde zum Nachtmahr und unabwendbar. Der Platz war auf den Bruchteil genau vermessen, hellhörige Wände und zellenhafte Zimmer – es fehlte an allem, aber das war es nicht. Die Kindheit lebte in Unterquartierung dahin, das war die Verelendung vieler, das war es nicht.

Es fehlten die Freude, der Luxus und das Glück.

Das Glück fehlte vielen Leuten, aber nicht allen. Die Abwesenheit von Freude war vielen gemeinsam, aber nicht allen. Das Fehlen von Freude – eine Folge des Kriegs – war eine Krankheit von vielen, aber nicht allen. Die Abwesenheit von Freude in der Familie meines Vaters war die Folge einer fundamentalen mauvaise foi.

Der Krieg hatte die Familien zugrunde gerichtet. Die Väter taumelten nach Hause, lernten ihre Kinder kennen und wurden als Eindringlinge abgewehrt. Sie waren fürs erste verbraucht und hatten nichts Gutes zu sagen. Der für den Vater freigehaltene Platz wurde von einem Menschen besetzt, der fremd und feindlich oder zerrüttet war und Position als Erzieher bezog – das war nicht glaubhaft. Beschädigte Ehen und verstörte Gefühle, Ruinen, Hunger und schlechte Aussicht auf Zukunft, zehnmal geflickte Strümpfe und kalte Öfen – wie sollte da Freude in den Familien sein. Das Glück war eine Gewissheit von vorgestern, eine Ungewissheit für später, und LUXUS – was sollte das sein in einem Moment, wo der Mensch nach Hoffnung schnappt, die Hoffnung nach Luft.

Es handelt sich nicht um Pasteten und Seidenstoffe, sondern um Freude und ihre Abwesenheit.

Die deutsche Familie im nicht mehr deutschen Vierzonenland war mit Verdrängung beschäftigt, mit Kriegsneurose und Schuldbeschwichtigung, mit ruinierten Nerven und Impotenz. Sie war mit den Folgen von Angst und Verstörung beschäftigt, krankte an intellektueller Auszehrung und plagte sich mit Depressionen ab. Eine ganze Generation schien damit beschäftigt, die verschuldeten, unverschuldeten Wunden zu lecken. Die Mehrzahl der Deutschen flickte an seelischen und materiellen Löchern herum. Man wühlte beklommen und hektisch, für unabsehbare Zeit, in der schadhaft gewordenen, privaten oder kollektiven Identität und fand für nichts mehr eine Bestätigung. Ich, Du und Wir standen ratlos in weltweiter Schuld, wollten ihre Ruhe haben und zogen sich in den Schoß der Familie zurück. Da war man süchtig nach einem guten Gewissen und verscharrte das schlechte unter Kartoffelschalen. Anstelle von deutlicher Antwort auf deutliche Fragen machte sich die große Verharmlosung breit. Sie schallte und seufzte in allen Familien, fälschte ihr Echo und gab sich selber Pardon. Sie war zu jeder Entschuldigung imstand. Sie war des deutschen Pudels verfaulter Kern. Was Wiederaufbau von Staat und Familie hieß, entpuppte sich schnell und bieder als Restauration. Man suchte nach neuen Strohhalmen für das alte Nest. Man war wieder wer, wenn man Frau und Kinder ernährte.

Woher sollte da die Freude kommen.

Sie fehlte.

Mehr als anderen fehlte sie meinem Vater und mehr als anderen wurde sie seinen Kindern vorenthalten.

Alles Überflüssige fehlte.

Nicht Überfluss wurde vermisst, sondern Vielfalt im Wesen des Vaters und Offenheit im Alltag der Familie. Da alles eingeteilt war und verrechnet wurde, fehlte das Uneingeteilte, der Überschuss. Es fehlten das gute Unberechenbare, die improvisierten Feste und das schmatzende, schlürfende Fressen einer reifen Birne. Das Herrliche fehlte noch im besten Moment, das Fehlen schien ohne Anfang und nahm kein Ende.

Die Freude fehlte.

Obwohl mein Vater zur Freude fähig war, sich manchmal freuen konnte, sich wirklich freute, blieb seine Freude klein, sie steckte nicht an. Sie war kein toll verschwendetes Paradies, sie leuchtete nicht und schüttelte keine Blüten, sie machte die Kinder nicht ganz so froh wie ihn selbst und war keine reine Freude für jeden.

Die große, umfassende Freude war nicht da. Sie fehlte an allen Tagen, in allen Nächten, bei allen Gelegenheiten, zu jeder Zeit. Sie war schon vor dem Aufwachen weg und fehlte lange noch in den Schlaf hinein. Es fehlte das unbelastete Atmen und Träumen, es fehlte die unbedachte Zärtlichkeit. Der besinnungslose Jubel ohne Anlass. Der begeisternde Anlass. Es fehlten die unbedenklichen Wörter und die schwerelosen Unterhaltungen, es fehlten Lässigkeit, Langmut und Frivolität. Es fehlte ein Vorschuss an Sympathie für den Vater, ein laisser faire für die Schwächen seiner Kinder, es fehlte das grenzenlose Verzeihen und also die Liebe.

Es fehlten die akustischen und optischen Sensationen, der sensuelle Reiz nicht alltäglicher Sachen, Verschwendung von Blumensträußen, Kleidern, Musik, es fehlten die sprühenden Farben und dampfenden Schüsseln. Es fehlte der Raum für die Wut und das raumlose Lachen – aber die dicke Luft war raumfüllend da. Die Pflichtverordnung war da (WOZU HAT MAN KINDER), erzwungene Ruhe, betonte Harmonie.

Unausgelebte Wut und unausgelebte Freude. Sie packten zusammen und gingen woanders hin. Sie wanderten durch die Welt und waren dieselben, kantaper, kantaper, wanderten durch die Welt. Sie waren in einem Kind zur Welt gekommen und wussten noch nicht, wie das Erwachsensein schmeckte.

Kantaper, kantaper.

Die Freude des Vaters war nicht berühmt bei den Kindern. Was war schon die Freude ihres Erziehers wert. Sein Lachen zeigte noch, dass er lachen konnte, und ein Familienfest demonstrierte, dass er mit seinen Leuten zu feiern verstand.

Es fehlte. Es fehlte.

Es fehlten die an die Wand geschleuderten Gläser. Nicht nötig, Weingläser an die Wand zu schleudern. Es ist nicht wünschenswert und muss nicht sein. Millionen Menschen haben keine Weingläser an die Wand geschleudert und trotzdem nichts an Wut und Freude vermisst.

Aber: es durfte nicht sein. Und also: Es fehlte. Es fehlten die Katastrophenflecken an der Wand und die Glasscherben auf dem Teppich, aber die Kehrschaufel fehlte nicht. Niemals fehlte die Kehrschaufel, niemals die Bürste. Niemals der Waschlappen, niemals der Waschbefehl. Die Vaterlosigkeit fehlte, sie fehlte und fehlte. Es fehlten Verschütten, Zerschlagen und Überschäumen. Es fehlte die gute und schöne Maßlosigkeit, aber der Mehltau, der Mehltau war immer da.

Er deckte glanzlos die Familie zu. Der Vater hieß Mehltau, die Kinderkrankheit war Mehltau. Mehltau, Mehltau. Niemals fehlte der Mehltau.

Wo waren Familien, in denen menschenmöglich gelebt wurde? Wo wurde bei offenen Fenstern umarmt und gelacht? Wo wurde gespielt, gesungen und musiziert, ohne Nebenabsicht, Erlaubnis, Uhrzeit und Grund? Wo lebten Leute, die vor Vertraulichkeit kicherten, Salz in die Betten streuten und mit Pappnasen beim Essen saßen? Wo war das königliche Gelächter, das Rollenverteilungen ad absurdum führte? Wo war ein Lachen, das angestrengte Gesichter schön machte?

Es fehlte. Es fehlte.

Es fehlten Umarmungen, Selbstironie und Gedankenschärfe. Es fehlte die offene Strömung lebendigen Lebens. Es fehlten Konfettischwärme himmlischen Unsinns, und es fehlte der kleinste Schlenker von Zweckfreiheit. Es fehlte die unbedenkliche Verschwendung von Zeit und also fehlte ein Zeithaben überhaupt. Es fehlte die Körperfreiheit zwischen Eltern und Kindern, es fehlten die offenen Worte und Zimmertüren. Es fehlte die Freude an Nacktheit oder ein Lachen darüber.

Es fehlte zum Himmelschreien und Gotterbarmen.

Es fehlte in allem, für alles, ein echtes Wort. Es fehlte der lebendige Widerspruch, weil der Vater fehlte, der sich auf Widerspruch einließ. Es fehlte nicht an Spott und Rebellion, es mangelte nicht an auswärts gelebter Freude – es fehlte bloß die Luft im Familiengefängnis. Eine Flasche Wein, in der Nacht getrunken, hatte noch ihren unberauschenden Nutzwert: den einer gemeinsamen oder monologischen Erleichterung; den des Vergessens von allem Übel; den einer prekären, befehlsmäßigen und vorübergehenden Friedensstiftung mit dem Veranstalter einer familiären mauvaise foi.

Der Wein, der schmeckte, wurde woanders getrunken.

Kantaper, kantaper.

Was Offenheit hieß und Leben gewesen wäre, ging in väterlicher Besinnlichkeit unter. Was Einsicht war, Argument und Stellungnahme, scheiterte an seiner Weigerung, sich zu korrigieren. Die Antwort auf eine Frage nach seiner Rolle im Krieg scheiterte an seiner Weigerung, sich genau zu erklären. Erkenntnis scheiterte an ihrer Verdrängung. Es fehlte der goldene Faden in seinem Muster.

Er fehlte. Er fehlte.

Es fehlte die Bejahung ungewaschener Kinderhälse, und es fehlte die Bejahung vaterfremden Denkens. Es fehlten weder Goethes noch Schillers Gedichte, aber es fehlte die Anerkennung von Interessen, die in der Familie nicht vorhanden waren. Was der Vater betrieb, war die konstante Entwertung, die Entwertung seiner selbst und des Lebens der andern.

Er war der Entwerter. Das Leben war anderswo.

*

Es gab keine Chance für ein Kind, ihn loszuwerden.

Er sprang auf die Rücken seiner Kinder und rief. Ihr ernährt euren alten Vater, ihr schuldet ihm was!

Die Kinder verschwanden in Apathie und Traum, in schleichender oder vulkanischer Depression. Im Reich der Bürger wurden sie unbrauchbar. Tagelang, nächtelang trieben sie sich herum, schwänzten die Schule und kamen zu spät nach Haus. Sie stellten sich tot im Befehlsraum des Vaters, verstummten lustlos, rebellisch und arrogant. Erfolglos hingen sie in der Schule herum. Sie wünschten den Tod ihres Vaters und fielen ihn an, nahmen jede Chance eines Ausbruchs wahr und holten ihr Leben, wo sie es kriegen konnten. Überall gab es mehr davon als hier.

Ihre seelische Verelendung wurde enorm. Das Ordnungsauge des Vaters bemerkte nichts. Sie waren im Begriff, kriminell zu werden, und wurden mit schrägen Typen am Bahnhof gesehen. Sie zogen mit Automardern über die Parkplätze, raubten Automaten aus, brachen in Häuser ein und stahlen Geld. Der eine verschwand, zehn Jahre alt, und wurde im Ausland aufgegriffen. Der andere strolchte mit Selbstmordgedanken herum. Aufruhr und Destruktion war ihr tägliches Brot, ihr nächtliches Brot, ihr einziges Brot.

Es gab nur den Untergang oder das Stärkerwerden. Es gab noch ein Lachen zu lernen, anderswo.

VI

Mein Vater wünschte sich erfolgreiche Söhne im Rahmen bürgerlicher Vorstellungen von Respektabilität und gesichertem Einkommen. In Versen formulierte er seinen Wunsch an sie, das von ihm Geschaffene zu Ende zu träumen. Das waren die frommen Wünsche eines Poeten, die Voraussicht des Bürgervaters sah sachlicher aus.

Ich hatte vor, Architekt zu werden. Man war sich einig, dass ich Talent besaß, ein erstaunlich entwickeltes RAUMGEFÜHL (was immer das war), die technischen Kenntnisse und sozialen Interessen. Es stand fest, dass ich ein Realgymnasium beenden, dann Architektur studieren und als freier Architekt erfolgreich sein würde. Er unterstützte die Absicht und fand sie gut. Architektur lag dort, wo er selber war, im Bereich von Kunst und Familientradition, zugleich entfernt von der eigenen Position. Jahrelang entsprach ich, ahnungslos, seiner Vorstellung von meinem Leben.

Dann wechselten Interesse und Leidenschaft. Ich begann zu zeichnen und Gedichte zu schreiben. Das war eine Sache ohne Konzession. Ich ging auf sie los, und es gab nichts dazu zu sagen. Die Schule wurde vernachlässigt. Die familiäre Enge verlor ihren Schrecken. Zeichnend und schreibend ließ ich sie hinter mir. Dass ich zeichnete, war durchaus in Ordnung: Zeichnen galt als Rüstzeug des Architekten und konnte später nur von Vorteil sein. Dass ich Gedichte schrieb, war ein anderer Fall.

Mein Vater hatte, als ich in den Ferien war, einen Haufen lyrischer Papiere in meinem Schulranzen entdeckt (er pflegte den Kram seiner Kinder zu inspizieren). Ich war keine fünfzehn Jahre alt. Für den Abend bestellte er mich in sein Zimmer. Die Förmlichkeit der Bestellung verhieß Quälerei. In der Art eines Chefs, mit Papieren beschäftigt, saß er am Schreibtisch und forderte mich auf, Platz zu nehmen. Die Lächerlichkeit des Rituals war beklemmend wirkungsvoll, obwohl ich es kannte. Auf seinem Gesicht herrschte düster betonter Ernst. Er war entschlossen, mich ins Unrecht zu setzen.

Du schreibst also Gedichte?

Ich bejahte es.

Mit äußerster Gereiztheit erklärte er: Bilde dir nichts ein, die Verse sind schlecht. Jeder schreibt mal Gedichte, das geht vorbei.

Bilde dir nicht ein, begabt zu sein, du bist nicht begabt. Deine Sache ist die Architektur. Ich kann dir das Dichten nicht verbieten, aber ich rate dir, damit aufzuhören.

Ich rief, das Schreiben sei meine Sache, und stürmte aus seiner Veranstaltung.

Von diesem Tag an war er beunruhigt. Ein noch unbestimmbares Untier war in sein Gehege eingebrochen. Er wusste nicht, wie er ihm begegnen sollte, und hätte es gern ein bisschen ausgerottet. Spitze Bemerkungen hielten sich an ihm schadlos, Wutausbrüche versuchten, es zu begraben (du bist nichts, du kannst nichts, mach deine Schulaufgaben!). Ich war verblüfft, dann beklommen und schließlich immun, als ich die Hilflosigkeit des Menschen bemerkte.

Seine Unruhe nahm noch zu, als er entdeckte, dass seine Lyrik mir nichts zu sagen hatte. Sie wurde exzessiv, als er erkannte, dass meine Sache nicht abzuschaffen war. Ich machte genialische, schlechte Poesie, Gewitterlyrik, brüllenden Bombast, kopierte Rimbaud und rumorte durch alle Formen. Er schien sich einzureden – mit Erfolg – dass dieses Gehabe ohne Bedeutung sei. Monatelang war nicht mehr die Rede davon, er schien sich beruhigt zu haben und sagte nichts. Mein Interesse für Kunst war weiterhin gern gesehen, das Schreiben von Gedichten mit Bann belegt.

Ich ließ von mir und meiner Sache nichts wissen. Es war nicht mehr wichtig für mich, was er dachte und wünschte. Ich sah mein Leben offen und rannte hinein. Das Schweigen umkreiste sein Monopol: die Sprache. Er ließ mich fühlen, dass ich ein Dummkopf sei.

Ein paar Jahre später studierte ich Grafik in München. 1955 wurden dort die ersten Gedichte publiziert. Der Kommentar meines Vaters aus der Ferne: Vielleicht begabt, aber bilde dir nichts ein. Ich bildete mir nichts ein, sondern schrieb Gedichte. Kritische Stellungnahme, öffentlich und privat, bewog ihn, seine Attacken in Grenzen zu halten. Ich sah: Er hätte lieber in eine Verurteilung eingestimmt. Dann kamen Bücher, und sie verwundeten ihn. Das Untier in seinem Gehege dehnte sich aus. Mit grausamer Unschuld nahm es den ganzen Platz und drückte den Vorbesitzer an die Wand. In dieser Zeit begannen zusätzliche Leiden für den ohnehin von Grund auf geschwächten Menschen. Ich lebte selbstgerecht und ahnte nichts. Die frommen und sachlichen Wünsche waren vorbei. Was immer ich machte, ging über ihn hinaus und in ein Leben, das ihm nicht bekannt war. Er wurde weich, und ich erkannte es nicht. Sein Selbstgefühl, an Idealen befestigt, von hergebrachten Ideen in Fasson gehalten, brach einmal mehr in Krisen auseinander. Im Taumel aufgelöster Identität verlor er, als Lyriker, seine Position. Er konnte nichts daran ändern und nichts für sich tun. In einem langen, quälenden Prozess, wo Verzweiflung, Liebe und Neid beieinander waren, schlug er sich resignierend auf meine Seite. Mit leidlichem Humor verkündete er, der Vater seines Sohnes geworden zu sein.

DU SCHREIBST DIE GEDICHTE, DIE ICH SCHREIBEN WOLLTE. Mein bloßes Dasein höhlte das seine aus. Was immer ich schrieb, verstärkte seine Verarmung. Ich sah: Er litt, von mir verschattet zu werden, er litt unter seinem Sohn und war stolz auf ihn. In diesem Zwiespalt fand er kein glaubhaftes Glück. Er rettete sich in die unbedingte Bejahung. Sie machte ihn weder blind für meine Schwächen noch setzte sie seine Kritik außer Kraft – er war bloß entmutigt und glaubte sich kaltgestellt. Ich wollte das nicht und konnte nichts für ihn tun. Seine Bejahung machte mich nicht froh. Was mir hätte schmeicheln können, bedrückte mich. Sein Wille zur Produktion war bitter geschwächt. Die Illusion verlegte sich auf Privates. Was ihm als DICHTER versagt geblieben war, hatte er als Mensch und Vater erreicht. Er hatte seine Familie glücklich gemacht, und er hatte sie mit seiner Arbeit ernährt.

Er suchte jetzt Trost bei dem, der ihn trostlos machte. Er legte Wert auf Gespräche und wurde zum Freund, der die Arbeit des anderen propagierte. Seine Freundschaft kreiste mich ein und ließ nicht locker, ich versuchte sie aufzulösen durch Freundlichkeit. Das war eine missverständliche Strategie und die einzige Möglichkeit, ihn leben zu lassen. Er war der selbsternannte, zähe Freund und lebte davon, dass ich die Gedichte schrieb. Er lebte von der Freundlichkeit seiner Söhne, viel mehr noch von der Freundlichkeit seiner Frau. Er lebte noch lange davon, geschont zu werden. Die Schonung verlängerte seine Agonie.

Immer häufiger sprach er von meinen Gedichten, als ob er sie selber geschrieben habe.

Zur Eröffnung einer Ausstellung meiner Grafik war eine Lesung vorgesehen. Ich konnte nicht kommen und sagte ab, mein Vater fuhr hin. Er fühlte sich, ohne mein Wissen, dazu veranlasst, aufzutreten und meine Gedichte zu lesen. Er las die Gedichte in einer Weise, die glauben machte, es wären seine.

Im Sterben noch lebte er, als DICHTER, davon, dass er an mich und meine Gedichte dachte.

*

Traurig machende Verminderung des Lebens. Ich sah meinen Vater jahrelang weniger werden. Die tägliche Arbeit wurde zum GEBASTEL und das Schreiben zum KRITZELN. In dieser Beschränkung fand er einigen Halt. Als Kritiker und Journalist war er mit allen Tendenzen der Zeit konfrontiert, literarischen, philosophischen, ideologischen und wissenschaftlichen, aber er schien sie nur von Berufs wegen zu reflektieren, im Hinblick auf den nächsten Zeitungsartikel. Ein Grundverzicht schien ihn sich selbst zu entfremden. Er schien das Zeitgeschehen durchaus zu bemerken, und was Poesie betraf, blieb die Neugier wach, aber nichts von dem, was er las oder hörte, veranlasste ihn zu eigener Produktion. Er vereinsamte aus Mangel an innerer Beweglichkeit. Der Versuch, einen Roman zu schreiben, misslang. Nach zwanzig Seiten gab er die Mühe auf. Er sagte zunächst, wie üblich mit großem Ton: Man werde ja sehn, ob er sein Publikum richtig eingeschätzt habe. Aber er hatte kein Publikum und weder die innere Kraft noch die äußere Zeit. Sofern er noch für sich selber schrieb, verfasste er feuilletonistische Prosa und klagte, keinen Verleger dafür zu finden.

Einmal erklärte er selbstbewusst, dass sich im Lauf der Zeit doch einiges in den Schubladen gesammelt habe. Ich glaubte noch dem selbstbewussten Ton, schlug ihm vor, die Manuskripte zu schicken, und versprach, ein paar Verlage zu interessieren. Von diesem Moment an wurde die Tonart still. Die Manuskripte trafen nicht ein. Ich fragte ihn noch einmal am Telefon, da sagte er gereizt, das habe Zeit, er wünsche nicht gedrängt und verpflichtet zu werden. Nach ein paar Wochen waren die Manuskripte da: etwa zwanzig auf Papier geklebte Zeitungsausschnitte. Alles in allem war das nicht viel. Es handelte sich um besinnliche und sympathische, etwas altfränkische Betrachtungen, ohne Vergleich zu literarischer Prosa. Ich wollte mein Versprechen halten, schickte das Manuskript an einen Verlag und erhielt es zurück. Die Ablehnung, resignierend vorausgesehn, war ein Tiefschlag, der den Rest seiner Illusion zerstörte. Sie wurde noch einmal aufgerichtet durch einen lokalen Kulturpreis, aber sein Selbstvertrauen war zerstört. Das Manuskript verschwand im Schreibtisch und wurde nicht wieder erwähnt. In der Verzweiflung glaubte er nichts mehr zu sein. Er habe kein Recht, sich als Schriftsteller zu bezeichnen. Hölderlin zitierend sagte er: ICH BIN NICHTS MEHR, ICH LEBE NICHT MEHR GERNE. Was ich ihm dazu sagte, konnte nicht helfen. Mein Versuch für ihn war das Falsche für ihn gewesen. Ich machte mir Vorwürfe. Die Konfrontation des Zerrütteten mit sich selbst wäre besser verhindert worden. Die Illusion des Verkanntseins hätte ihn noch getragen, die chronische Bitterkeit hätte ihn schließlich bestärkt. Nur in der Selbsttäuschung blieb er sich noch erhalten. Ich sah sein freudlos gespanntes Gesicht, und mit dem Bedauern kam ich nicht leicht zurecht.

*

Er verschaffte sich Aufmerksamkeit für seine Person: Mit Nachdruck wies er auf seine Verdienste hin. Fiel eine Ehrung für ihn ins Haus (der Schriftsteller sah sich nicht oft geehrt), wurde sie so haltbar wie möglich vergoldet. Seine Bescheidenheit empörte mich. KRITZELN anstatt zu schreiben – wie macht man das? Wie brachte er es fertig, Gedichte zu schreiben, ohne sich zu überfordern? Was war das für ein Mensch, der LOBENDE ERWÄHNUNGEN für sich verbuchte? Was war mit ihm los, dass er die öffentliche Bestrahlung seines Namens als etwas Hauptsächliches ansah? Wie beschämend leicht war der Mensch zufriedenzustellen. Eine Frage an ihn als Autorität – und er dehnte sich zu großen Antworten aus. Ein anerkennendes Wort über seine Arbeit – und er zeigte die hasenhafteste Friedfertigkeit. Es dauerte eine Weile, bis ich den Grund erkannte, doch mein heimliches Mitleid mit ihm war nur schwer zu verzeihen.

Die lange Sorge vor seinem 60. Geburtstag drehte sich um die Frage: Was war zu erwarten? Würde überhaupt etwas geschehen? Würden sich Freunde und Feinde an ihn erinnern? Würde die Presse ein paar Würdigungen veröffentlichen? War das Datum nicht die letzte Chance, in der Öffentlichkeit auf ihn hinzuweisen?

Er war glücklich, dass es tatsächlich geschah. Dankbar. Gerührt. Blumen, Besuche und Telefonanrufe, Aufmerksamkeiten vom Kulturamt der Stadt und Glückwunschtelegramme verschiedener Ministerien, das alles erleichterte ihn über alle Maßen. Der Geburtstagsmensch präsentierte sich jovial. Und als er die Ehrengabe einer Akademie erhielt, öffnete er den besten Wein und wiederholte: Kinder, ihr wißt ja nicht, was für einen Vater ihr habt!

*

1960 starb Emil Strauß in einem Freiburger Altersheim. Er war vierundneunzig Jahre alt. Man konnte ihn unter den Bäumen des Karlsplatzes sehn, hinkender Stockmensch, restliches Gemergel eines selbstbewussten Misanthropen. Mein Vater traf ihn manchmal auf der Straße. Er erwarte den Tod, sagte Strauß, er habe genug.

Emil Strauß galt als bedeutender Prosaist neben Hauptmann, Stehr und Thomas Mann, berühmt in den Jahrzehnten vorm Ende des Zweiten Weltkriegs. Der alte Mann war zum Nazi geworden und damit zum staatlich bestätigten Klassiker der dreißiger Jahre. Von seinem inneren Niedergang war viel die Rede. In Josef Nadlers Literaturgeschichte war er als Alemanne begrüßt worden («Unfern von Hebels Gedichten, die er geschmackvoll herausgab, ist dieser gediegene, sinnlich geschmackvolle, stille und herbe Mann mit seiner edlen, mundartlich belebten Prosa das menschgewordene Wesen dieser lateinisch durchgeistigten Landschaft»). Die Tatsache, dass Strauß in Freiburg lebte, schien meinen Vater mehr zu beschäftigen als die Tatsache, dass der verehrte Erzähler Nazi war.

Am Tag der Beerdigung notierte er:

«Vormittags zur Einäscherung von Emil Strauß. Zum Schluss, nach schönen Worten von Pfarrer K. und Kranzniederlegungen von Pforzheim, Universität, Goethestiftung, Landesregierung, Stadt, Verlag Hanser, sprach ich dies: Vor dem Meister des Worts, dem viele vieles verdanken, neigen sich die Schreibenden in Ehrfurcht. Wir haben keinen Kranz, aber es bedarf keines Kranzes gegenüber dem Lorbeer, den er sich selber schuf. Ich hatte das letzte Wort, es war feierlich und würdig schön.»

Blind versöhnliche Pathetik am Grab. Keine Andeutung von Kritik und Skepsis.

Meister des Worts. Ehrfurcht. Lorbeer. Feierlich. Würdig.

Mein Vater blieb unverändert. Immer derselbe.

*

Es ist erfreulich, am Anfang, begabt zu sein. Die Begabung, etwa beim Schreiben von Gedichten, bestätigt die Besonderheit eines Menschen und nimmt für ihn ein. Das Äußerste wird nicht von ihm verlangt, er selbst verlangt es oder verlangt es nicht. Eine Zeitlang genügt es, begabt zu sein, der Vorschuss an Sympathie vermehrt sich noch. Sie erneuert sich auch nach dem zweiten und dritten Misslingen. Nach ein paar Jahren ist der Zustand vorbei.

Vielleicht über Nacht sind die ersten Silvester da. Mit Begabung allein ist jetzt nichts mehr zu machen. Sie wird zur bloßen Voraussetzung für ein Leben, das sich selbst gehört und keine Umkehr erlaubt. Was jetzt zu folgen hat, ist der große Entwurf. Was weiter folgt, ist Arbeit und Konsequenz, die Isolation und ihre Überwindung, Verzweiflung, Geduld, Erschöpfung und täglicher Rückschlag. Schlaflose Mühe um einen Satz, Verzicht auf Bequemlichkeit. Missachtung, Verruf, schlechte Gesundheit und finanzielle Sorgen, fehlende Resonanz oder falsches Interesse – alles in allem nicht weiter nennenswert. Die Annehmlichkeit heroischer Selbstdarstellung ist dem Autor suspekt, die romantische Attitüde lächerlich. Er ist ein Alleinunternehmer unter anderen. Er wird gefragt, warum er das alles macht. Unabhängig von Zustimmung oder Verneinung verkörpert er ein Ding der Unmöglichkeit: Er ist der lebendige Anachronist im Schnellbetrieb einer grenzenlosen Kulturindustrie. Er legt sich mit seiner Epoche an, eine Sache ohne Gewähr, und rechnet darüber mit keinem. Was Leben, Denken und Atem ist, hat jetzt zu erscheinen; es bildet den Rohstoff seiner Alchimie. Er baut eine Sprache auf, in der nicht weniger als alles geschieht, er verstählt seine Wörter und setzt sie aus. Er wünscht seine Sprache leuchtend, haltbar und fest. Sein Satz ist alles oder er ist nichts. Jeder Satz ist der Stein in seinem Weltgebäude, ohne den es zusammenstürzt. Die Beherrschung des Handwerks erweist sich als Illusion. Vermeintliches Können garantiert ihm nichts. Er kann noch scheitern, täglich, mit jedem Wort. Die Fragwürdigkeit von Sprache und Kunst, ihre dubiose Rolle in der Gesellschaft, sieht ihm sein Leben lang ähnlich.

Wer weiterhin nur begabt ist, setzt sich ab oder macht routinemäßig seinen Schnitt. Es kann ihm geholfen werden, er hilft sich selbst. Der Satzbau der anderen, die er draußen zurückließ, beschämt seine Verse, aber das weiß er noch nicht. Er ist begabt, das heißt: Er verbrennt sich die Zunge nicht. Er kommt mit dem Bodenlosen gut zurecht: er umkreist es in angemessener Entfernung. Anarchie, Protest und Verneinung sind nicht sein Fall, aber er schätzt das alles bei den anderen. Ihr Risiko kann ihm nicht groß genug sein. Er setzt sich, nach Wahl und Geschmack, für das Richtige ein, die lebenslange Subversion bleibt ihm fremd. Er scheitert nicht an einer Konzeption, verliert sich nicht im Unmöglichen und geht nicht an Sprachlosigkeit oder Zweifel zugrunde. Die Flucht in den Kompromiss ist sein rechtmäßiger

Aufstieg. Er hat einen sicheren Platz und füllt ihn aus. Er ist jetzt für Ehrungen und Ämter zu haben, er steht auf verlässlichem Boden und hat gut reden. Es geht ihm recht oder schlecht, es geht ihm vergleichsweise richtig. Er pfeift seinen Wörtern, sie stellen sich folgsam ein, sie sind nicht bissig und rudeln durchs Feuilleton. Er geht gefahrlos in die nächste Strophe, er kann sich noch retten, er kennt Zufriedenheit. Sein Schrei aus dem letzten Loch bleibt gesellschaftsfähig. Die Propaganda hat Erfolg mit ihm. Die Öffentlichkeit greift ihn auf und schleppt ihn vors kalte Büfett. Sie hat ein Ohr und ein Mikrophon für ihn. Er akzeptiert die Grenzen, die sie ihm setzt. Er ist ihr Mann.

Mein Vater hatte weder die Chance einer äußeren Karriere noch die Chance eines exemplarischen Scheiterns. Der goldene Mittelweg wurde grau für ihn. Er war begabt, sein Begabtsein reichte nicht aus. Das Zuwenige wurde zu einem Fall von niederdrückender Enttäuschung. Sein letztes Gedichtbuch hieß DIE SCHERBENSCHWELLE. Es war schlimmer als bitter für ihn: Er blieb auf der Strecke.

*

Es gibt in seiner Arbeit keinen Gedanken, keine Vorstellung und keine Idee von Welt oder Menschsein, die über herkömmliche Begriffe wie Heimat, Vaterland, Ehre, Frau und Kind und die Vergänglichkeit alles Irdischen hinausreicht. Seine Ansichten von der Kunst waren klassizistisch und kulminierten in Ehrfurchtsformeln wie WÜRDE DES GEISTES UND EWIGE WERTE. An der bürgerlich-romantischen Grundhaltung schien sich auch nach dem Ende des Dritten Reichs nicht viel zu ändern. Es blieb ein durchdringend deutscher, vor-ideologischer Bereich von Blut und Boden. Es gibt ein paar schöne Verse in traditioneller Machart und einzelne Gedichte, deren Sprache sich unbezweifelbar davon abhebt, aber eine Dichtung, die auf unreflektierten Überlieferungen beruhte, konnte nicht ins Offene oder zu etwas Absolutem führen. Es ist die Lyrik eines heimatsüchtigen Melancholikers, der sich aus den intellektuellen Zusammenhängen des Jahrhunderts hinaussehnte in den Stillstand. Es ist kein Zufall, dass Adalbert Stifter sein Favorit und der NACHSOMMER seine liebste Lektüre war. Es war das Dilemma meines Vaters, dass seine lange schon überlebten Vorstellungen von Heimat, Kunst und Familie durch das Dritte Reich pervertiert, infolgedessen erledigt wurden, er selbst aber, zerstört aus Krieg und Gefangenschaft kommend, in immer stärkerer Weise auf sie angewiesen war. Er hätte jetzt, um zu sich selber zu kommen, HEIMAT als unanfechtbaren Grundstein gebraucht. Es war zu spät, es war schon immer zu spät. Er war schon immer ein Mensch gewesen, der auf abbruchreifen Fundamenten baute – jetzt wurde die Verspätung zu einem Fall von Versagen. Er lebte im Klima einer latenten Tragödie, ungefestigt in den Ruinen seiner Begriffe, immer unerlöster in seinem Verlustgeschäft, taumelnd zwischen Schwermut und Aggression. Er verstummte, verengte, beschränkte sich immer mehr. Der Rest seines Daseins wurde zum verlängerten Epilog einer alten Welt, deren Ende sein Denken und Schreiben zerbrach.

*

In der Literatur wird, wie überall, mit Wasser gekocht. Konkurrenzbetrieb der Wasserköche. Gewaltige Dampfentwicklung in lokalen und internationalen Wasserküchen. Während der Großkoch ohne Spektakel sein Wildschwein zubereitet, produzieren sich Wasserköche vor ihren Öfen, kochen ihr Leben lang denselben Knochen und verabreichen laut und löffelweise ihr Ausgekochtes.

Mein Vater war ein Koch bescheidener Suppen. Er verachtete die Wasserköche und erkannte die Leistungen eines Großkochs an. Kritisch, aber ohne Neid, war er zur Anerkennung der Großköche fähig. Mit Appetit verzehrte er den Braten des Großkochs, dessen Gelingen ihn hätte beschämen können. Was war seine Suppe, auf kleinem Feuer verkocht, verglichen mit den unerhörten Mahlzeiten der Großköche. Manchmal gab er mir seine Suppe zu essen, sie schmeckte mir nicht, ich ließ sie stehn. Er sagte: MAN WIRD MEINE SUPPE NOCH IN HUNDERT JAHREN ESSEN!, und ich sagte: Wo bleibt das Salz, wo sind die Gewürze. Da war er verletzt und verzog sich in seine Küche. Er verzehrte die Mahlzeiten großer Köche und rief: Der Braten schmeckt mir, der Großkoch ist gut. Da saß ich mit einem freien Menschen am Tisch. Da liebte ich den selbstlosen Suppenkoch und dachte: In diesem fetten, fleischigen Moment – in dieser Sekunde, nicht zu bezweifeln – jetzt – und jetzt immer noch – besitzt der Suppenkoch Größe.

*

Es war schön, mit ihm durch seine Landschaft zu gehen. Der Schritt war elastisch, der Blick in die Bäume hell. Die chronische

Nervenanspannung fiel von ihm ab. Was Glück in ihm war, kam offen in seine Augen und teilte sich schwerelos mit. Jahreszeit und Landschaft des Schwarzwalds waren sein Besitz. Ihn freuten die triefende Nässe im Unterholz, der Frühnebel an den Bergen, die Pappeln im Schnee. Er liebte den Herbst, seine Fäulnis erfrischte ihn. Das einmal Gesehene blieb ihm zeitlebens vertraut. In solchen Momenten war zu erkennen, wie viel Lebendigkeit in ihm verlorenging. Die Familie lebte in Opposition gegen seine Zwänge, widersetzte sich der hilflosen Aggression. Man flüchtete aus den Tragödien seiner Verarmung und war in der Abgrenzung gegen ihn außerstande, den unverletzten Rest seines Traums zu erkennen.

Schließlich war niemand mehr in seiner Umgebung, der die Fähigkeiten des Menschen entgegennahm. Keiner schien von ihm etwas haben zu wollen, und was er ohne Absicht verschwendete, wurde als Belastung abgewehrt. Seine Wesensart setzte sich schwer unter Menschen um, brütete zunehmend in sich selbst und lähmte den offenen Kontakt. Er schien nicht zu wissen, dass er vereinsamt war. Das Alleinsein machte ihn blind für die Abwehr der andern.

An einem Wintertag gingen wir an einem Schwarzwälder Bergbach talaufwärts. Ein Raubvogel kreiste in Gebirgshöhe, driftete ab und verschwand über dem Talmoor. Er beobachtete ihn durch das Fernglas (kein Schritt ohne Fernglas), setzte es ab und rief mit heftigem Stolz: STURZVOGEL HEISST ER!

Zufrieden ging er zum Wagen zurück. Dann Speck und Wein im Gasthaus zum Engel.

*

Landschaft war LANDSCHAFT DER SEELE für ihn und Natur ein Gegenstand beständiger Sehnsucht. Er stand gern auf badischen Burgruinen und sehnte sich über den Horizont hinaus, und er stand gern auf Türmen und Bergen im Ausland und sehnte sich in seine Landschaft zurück. Das Verhältnis von geogaphischer Enge und Weite, von Flucht in die Beschränkung und offener Welterfahrung hing bei ihm gefühlvoll im argen, schwankend zwischen Bauernküche und kosmischer AHNUNG – ein Dilemma deutsch-romantischer Tradition. Sein elementarer Instinkt für Natur war das gute eine. Das andere war die lyrisch gestimmte Idealisierung von Land und Landleben als intakter Welt. Das unterschied sich kaum von der Naturschwärmerei des Stadtbewohners. Er liebte Landschaft und lebte in der Natur, aber vom Leben der Bauern wusste er wenig. Wenn er mit ihnen alemannisch sprach, war seine Sprechweise angestrengt beim Versuch, sich als zugehörig glaubhaft zu machen. Das schwitzende, schuftende, von Arbeit bestimmte tägliche Leben der Bauern, ihre jahrhundertealte Resignation und die daraus gewonnene Härte, der Stolz, der Geiz, die Sturheit, das böse Maul, schließlich die Technisierung der Landwirtschaft – das lag dem Erfahrungsbereich des Ästheten fern. Er hatte nie auf einem Dorf gelebt. Von Viehimpfung, Milchpreis oder Getreideernte hatte er keine genaue Vorstellung. Er beschäftigte sich mit der badischen Landeskunde (Legenden, Gebräuche, Trachten und Fastnachtsmasken). Schön war das Geräusch einer zu Tal fahrenden Holzfuhre, aber Waldarbeit und Holzindustrie war allenfalls ein Gegenstand seiner Nachempfindung.

Er machte sich ein literarisches Bild. Das war noch immer von Gotthelf und Hebel bestimmt und hielt die Vorstellung von der Gesundheit einer archaischen Lebensordnung fest. Die vergleichsweise einfachen, immer gleichen (von bürgerlicher Meinung grotesk unterschätzten) Schwierigkeiten bäuerlichen Lebens wirkten beruhigend auf einen Menschen, der in immer neue Widersprüche verspannt war. Er fühlte sich wohl unter Bauern, bei Speck und Most, und schien nicht zu bemerken, dass sie in ihm (mit sicherem Instinkt für den Unterschied, in Hochmut, Vorsicht und Verlegenheit) immer wieder nur den Gebildeten sahen, den Bürger, was Besseres.

*

Heimat – das war die Fetteinreibung gegen den Weltfrost.

Behagliche Feste Burg gegen Abbruch, Wahnsinn, Nihilismus und Zweifel. Gegen Wüste, Zittern, Verlust und Tod, Gefährdungen aller Art und Ohrensausen. Heimat, seine Tintenfischwolke, einzig mögliche Sicherung des Geschwächten. Das war der Dunstkreis, in dem jeder Zweifel erstickte. Das war die Selbstbeschränkung des Menschen auf seine bescheidenste Einheit und die lebenslange Wahrnehmung dessen, was von Geburt her vorgegeben war. Heimat, das einzige, worauf er sich einließ. Was nicht zu Heimat gemacht werden konnte, wurde abgedrängt oder ausgeschieden. Das war die mentale Abwehr gegen Gedankensysteme, Denkmethoden und Ideologien, vor allen Dingen gegen jede, die sich von KONSERVATIV nach LINKS bewegte.

Heimat, persönliche Dampfküche, in der die Empfindungen gewärmt, die Gefühle verkocht wurden. Heimat. Heimat.

Das Chamäleon saß lebenslang auf demselben Fleck, weil es nur eine Farbe besaß.

*

Kein Mensch ist jemals ohne das Wort GLÜCK ausgekommen. Kein denkender Mensch hat jemals auf die Idee vom GLÜCK verzichtet. In der Abwesenheit von GLÜCK kann Lebensbejahung und Lust, aber nicht die Idee vom GLÜCK verlorengehen.

Es gibt verschiedene Definitionen von GLÜCK, die nicht viel besagen. Das GLÜCK gilt als günstige Fügung des Schicksals (die übliche Formel) und wird beschrieben als Seelenzustand, der sich ergibt aus der Erfüllung von Wünschen, die für den jeweils Einzelnen wesentlich sind. In politischen und philosophischen Systemen wird das Verlangen nach GLÜCK bejaht als sittlich berechtigter Antrieb menschlichen Handelns. In der Verfassung der Vereinigten Staaten ist GLÜCK als ein Recht jedes Menschen festgelegt.

Auf die Frage nach seiner Idee vom GLÜCK (ich habe ihm zu wenige Fragen gestellt) würde mein Vater vielleicht geantwortet haben: Beweglichkeit im Umkreis der Landschaft, unbezweifelt im Kreis der Familie, arbeiten, lange leben und ruhig sterben. Anton Tschechow würde geantwortet haben: GLÜCK sei zu wenig, es sei trivial, es müsse Vernünftigeres für den Menschen geben. Die Antwort Frank Wedekinds auf diese Frage: SEINEN ANLAGEN GEMÄSS VERBRAUCHT ZU WERDEN.

Das ist ein illusionsloser Glücksgedanke (keine Antwort könnte sachlicher sein). Es ist der nüchterne Wunsch eines homo faber. Wenn dieser Satz vergleichsweise anwendbar ist, dann wäre mein Vater ein glückloser Mensch gewesen (er sprach davon, dass er sich für glücklos hielt). Er wurde von einer erstickten Kindheit verbraucht, von unauflösbaren Ängsten und massiver Verdrängung. Er wurde verbraucht vom Glauben an überlebte Ideen und davon, dass er sich ihrer Suggestion unterwarf. Er wurde verbraucht von Täuschungen über sich selbst und mitverbraucht von mir, das heißt: von Gedichten, die zu schreiben ihm nicht möglich war.

Er wurde nicht von seinen Möglichkeiten, sondern von seinen Schwächen endlos verbraucht. Er wurde aufgefressen von Kleinigkeiten.

Dass er verbraucht wurde von den Kleinigkeiten. Dass er verbraucht wurde: nicht von sich selber.

*

Erinnerung an einen Abend im Mai, als er aus der Redaktion nach Hause kam, im klatschenden Regen, auf seiner Mobilette.

Strömende Wärme, die Blüte hing in den Gärten, er rannte ins Haus mit durchnässter Aktentasche. Das Wasser stand in den Schuhen, aber er lachte. Schlechte Laune war zu erwarten, aber er lachte, kein Wort von Erkältung. Er schleppte die Nässe in alle Zimmer, und dieses eine Mal störte ihn nichts, weder Dreck auf der Diele noch ruinierte Kleidung. Lachen, strahlend und frei, befreites Lachen – und heute noch versöhnt mich das eine Lachen mit der Unerlöstheit seines Alters.

*

Die Gesundheit ließ nach. Die Hoffnungen waren verbraucht.

Er beschränkte sich auf maßvollen Genuss des Vorhandenen. Genuss alltäglicher Gewohnheit im Haus und tägliche Wiederholung des Gewohnten. Genuss eines ruhigen Vormittags in seinem Zimmer, zwischen Büchern und Bildern, und Genuss aller Tätigkeiten und Situationen, die für ihn überschaubar waren. Die Gartenarbeit und die Lektüre der Klassiker. Spaziergänge in den Straßen, die er von Kind auf kannte. Die Jahreszeiten und die Kalenderfeste. Ein Glas Wein in der vertrauten Landschaft. Autofahrten nach Opfingen oder Sankt Märgen. Herstellung immer wieder desselben Idylls. Sucht nach Zeitlosigkeit und Ungefähr.

Alles andere war ungewiss. Alles andere wurde belastender und immer mehr ungewiss. Welt: eine einzige Ungewissheit zu viel.

DIE GERISSENEN LEUTE, ZU DENEN ICH JA NICHT GEHÖRE. Am Geräusch des Regens im Nussbaum vor seinem Fenster hielt er sich schadlos.

*

Er starb 1969, im Alter von zweiundsechzig Jahren. Eine verspätet zuerkannte Pension (arbeitsunfähig aufgrund seiner Kriegsverletzung) kam dem Sechzigjährigen noch zugute. Er hatte endlich keine Sorgen mehr, war aber Sorgen gewohnt und sorgte sich weiter. Er konnte jetzt tun, was er wollte, aber er wollte nicht viel. Er wünschte sich wenig mehr als Familienwärme. Das gewöhnliche Leben setzte sich langsamer fort mit Stammtischabenden, Zeitungskritik und Fahrten aufs Land. Er gab noch einmal die Werke Hebels heraus, und wenn er gelegentlich einen Vers notierte, schrieb er ihn nicht mehr auf der Maschine ab. Das Laub in Säcken aus dem Garten zu schaffen, eine Beschäftigung an Oktobertagen, beanspruchte immer mehr Zeit und strengte ihn an. Er machte Spaziergänge auf gewohnten Wegen, sie verkürzten sich und wurden zum Gang durch den Garten. Verschiedene Krankheiten machten ihn älter, er erholte sich noch und reiste nach Frankreich, suchte die LANDSCHAFTEN SEINER SEELE auf.

Der Wille zu leben war ungewöhnlich stark und half ihm über den Körperverfall hinweg. Lunge und Leber waren beschädigt, das Herz von vielen Attacken gefährlich erschöpft. Kreislaufschwäche, Fieber und Atemnot, wochenlanges Liegen und Lesen im Zimmer. Die Verbindung zum Leben draußen hielt seine Frau. Ihre ständige Anwesenheit verlängerte sein Dasein. Die KINDER waren seit Jahren aus dem Haus. Sie telefonierten und kamen noch zu Besuch.

Wechselnde Therapien zeigten wenig Erfolg. Verstärkte Medikamentierung half nicht mehr. Das Wohlbefinden erwies sich als knapp und kostbar. Ein Herzschrittmacher wurde ihm einoperiert. Der Körper und die Maschine vertrugen sich nicht. Behandlungen in der Klinik halfen nur dahin, dass er zur Not entlassen wurde. Ein Sanatorium im Schwarzwald bekam ihm schlecht. Er dämmerte ungewisser Erholung entgegen und dachte, soweit das möglich war, nicht an den Tod. Er hatte sein Leben lang an den Tod gedacht, im Vorfeld des Todes wollte er nichts von ihm wissen. Sein Mund war schmal, er wurde immer schmaler. Energie und Verkrampfung machten die Lippen dünn. Die Mundwinkel wurden flach und verschwanden in der Mundlinie. Am Ende hatte er keine Lippen mehr. Die Verzweiflung war stärker als alle Hoffnung auf Leben, aber er machte noch Pläne für spätere Reisen. Er sah noch den Schnee und die Blüte und hörte die Glocken, er war dankbar für die Geduld, die ihn umgab. In der anfangs erzwungenen, dann hingenommenen Passivität, im Beschränktsein auf sich selbst und seine Familie, kam er auf sonderbare Weise zur Ruhe. Selbstbefreiung durch Leiden, das war eine stille Verwandlung. Im zerfleischenden, wachsenden, unabwendbaren Schmerz, im qualvollen Elend, das alle

Organe erfasste, in der Abwesenheit von Verpflichtung und Weltgeschichte ging es ihm auf furchtbare Weise gut. Er beschäftigte sich mit Sachen, die außer ihm waren, mit Fotografien, Lektüren und Fragen zur Kunst. Er las noch Gedichte, von fiebrigem Schlaf unterbrochen, er dämmerte ohne Wut aus dem Leben hinaus. Schlafend starb er in einer Juninacht und, wie es sein Wunsch war, im eigenen Zimmer.

Das Herz stand still, der Schrittmacher klopfte weiter.

NACHGESCHICHTE

Kannst du das Wasser verdünnen?
Kleinigkeit.
Kannst du die Dunkelheit essen?
Das weißt du doch.

Als mein Vater klein war (also drei Jahre und hundert Tage alt), fiel eines Morgens eine Wolke vom Himmel. Sie fiel geräuschlos über den Garten, wurde dunkel und groß und brachte das Licht zum Verschwinden. Langsam sank sie an den Bäumen vorbei und ließ sich auf ihrem Schatten nieder. Da stellte sich heraus, dass die Wolke ein Ballon war.

Ein Fesselballon mit solcher Gondel, ja.

In der Gondel stand – wer stand in der Gondel? Der Kapitän. Mein Vater steckte in einem Matrosenanzug und hatte schwarze, polierte Schnürstiefel an. Der Kapitän begrüßte ihn mit einer Verbeugung. Mein Vater begrüßte ihn mit einem Wink.

Wir wollen anfangen, sagte der Kapitän und stieg aus der Gondel. Sie gingen in das Haus und machten sich an die Arbeit. Zuerst die großen Sachen, danach die kleinen. Zuerst also Tische, Stühle, Betten und Schränke. Der Kapitän gab den Sachen einen Klaps, da wussten die Sachen Bescheid und machten sich klein. Gemeinsam trugen sie die beklapsten, kleingemachten großen Sachen in die Gondel, also siebenmal sieben Tische und was nicht alles. Eisschränke, Kachelöfen und Ledersessel. Standuhren, Spiegel und was es sonst noch gab.

Danach die zweitgrößten Sachen in die Gondel. Mein Vater gab ihnen einen Verkleinerungsklaps, da wussten sie Bescheid und schrumpften zusammen. Brat und Pfanne, Koch und Topf Koch und Herd, Bade und Wanne, Schreib und Tisch, Feder und Halter, Hand und Tuch, Taschen und Lampe. Das alles siebenmal mehr und wer weiß wieviel.

Die drittgrößten Sachen brauchten keinen Klaps. Sie waren klein, sie waren schon fast zu klein. Sie waren so klein, dass ein Vergrößerungsklaps nicht geschadet hätte. Also Pfeifendeckel, Zuckerlöffel und Salzfässchen. Mond- und Sonnenbrillen, Heuschnupfenpferde, Feuer- und Wasserzeuge und Hoppsasachen, Bibelsprüche (nach Propheten geordnet), Messer, Gabel, Schere und was da herumlag. Regen- und Sonnenschirme und solche Sachen. Mausefallen und was hineingehört.

Die viertkleinsten Sachen waren die kleinsten und letzten. Sie waren für einen Vergrößerungsklaps zu klein. Der Kapitän und mein Vater wussten sich zu helfen. Sie setzten ihre Vergrößerungsbrillen auf, suchten die Wände und die Böden ab, durchsuchten die Luft, die Stille und das Licht und brachten die kleinen Sachen in die Gondel. Also Eintagsfliegen, Staubkörner, Wassertropfen und Sonnenstrahlen. Wäscheknöpfe, Streichholzköpfe, Tintenkleckse und Mäusehaar. Zentimeter, Millimeter, Krims und Kram und weiß der Kuckuck.

Dann war noch das Haus mit seinen Zimmern da. Das Haus mit seinem Dach und das Dach mit den Ziegeln, mit jedem einzelnen Ziegel da. Das Haus mit den Türen und Fenstern und weiß der Himmel. Der Außenanstrich, der Innenanstrich, der Kellerboden und die Erde darunter. Mit einem Wort: das Haus. Es stand noch da.

Sie gaben dem Haus ein paar Verkleinerungsklapse – aber nichts da. Das Haus, das Haus, das Haus verstand sie nicht. Vielmehr: es schien sie nicht verstehen zu wollen. Das Haus oder was es war, das wollte nicht, und sonderbar: es wollte nicht in die Gondel.

Da sagte der Kapitän: Begreif doch, du bist das Haus. Nimm dir ein Beispiel an den anderen Sachen. Sei kein Verkleinerungsmuffel. Tu doch nicht so.

Das Haus ließ ihn reden und bewegte sich nicht.

Da sagten mein Vater und der Kapitän: Die andern sind in der Gondel und warten auf dich. Die Tische, Stühle und Spiegel warten auf dich, die Gläser, die Gabeln oder was sie sind, die Schlüssel und Schlüssellöcher und weiß der Kuckuck.

Da hatten Bitten und Betteln ihre Ruh. Da hatten sie das Haus scheints rumgekriegt.

Mit einem Seufzer zog es den Schornstein ein.

Sie haben dem Haus einen sechsten und siebten Klaps, bis es klein genug für die Gondel war. Jetzt waren die Zimmer für ein Staubkorn zu klein, die Türen immer noch für Nichts zu groß. Jetzt passte das Haus in das Taschentuch meines Vaters. Er packte es ein und legte es in die Gondel.

Und dann?

Dann war der Platz, auf dem das Haus gestanden hatte, nicht mehr bedeckt.

Und dann?

Dann kam der Garten an die Reihe. Zunächst die Birken, die Kirschbäume und der Holunder. Dann – einzeln und mit Vorsicht – der Glockenbaum, die Appelpappelbäume und Sonnenblumen. Das Gras, die Maulwurfshaufen und was es so gibt. Die Vogelbeeren und wie das alles heißt.

Und dann?

Dann kam schon das Nächste an die Reihe. Also der Gartenzaun und die Berge dahinter, der Mischwald dahinter und siebentausend Leute. Zunächst mal siebentausend, aber naja. Hinz und Kunz und Gundel Krebs, Jimmy Aschof und Doktor Kreusler. Kürtchen und Gretel und Tante Susannchen, der dicke Friedrich aus der Mozartstraße und Professor Ungern, der zufällig solo aus Gürtelschnall stammte und lieber nichts als rote Rüben fresste. Aß, fraß oder fresste. Aber naja.

Und dann?

Dann kam das Übernächste an die Reihe, also zunächst mal eine große Stadt. Zum Beispiel Paris, das in Dänemark lag, nicht weit von Hinterzarten und nah bei Spitzbergen. Dann noch mal zehntausend Leute und der Spatz auf dem Dach. Die Häuser und Eisenbahnen und Trambahnchauffeure. Mein Vater – mit seiner Verkleinerungsstimme – nannte die Sachen beim Namen und pustete sie in die Gondel. Dann kamen die Südküste Ungarns und der badische Nordpol, der spanische Südpol und die tunesische Arktis. Die finnische Wüste und ganz Amerika. Und nochmal ungefähr zehntausend Leute, mit Namen, aber auch ohne, und Friedensvertrag. Mit Kind und Katze und entstempeltem Ausweis. Mit diesem und jenem und was es sonst noch gab.

Und dann?

Dann kamen die Neger oder wer das war. Die freiwillig und die unfreiwillig entfärbten. Die mit Schuhwichse nachgeschmierten und alle andern. Also Leute, die Kokosnüsse bewohnen und die Wüste zum Präsidenten wählen. Die mitteleuropäischen Straßenfeger und die brezelfressenden Indianer aus Schottland. Die arabischen Christenforscher und die Gebrauchtwagenhändler aus Irdisch-Unkraut. Die Sturzvögel, Störche und Regenpfeifer, die Amseln, Delphine und Füchse und wunder war. Die Krokodieschen und Firlefanzosen, die Strolche, die Grünschnäbel und die Zeitungsjungen.

Und dann?

Sie ließen sich verkleinern und freuten sich auf die Gondel.

Und dann?

Dann kam das Nächste nach dem Übernächsten, also der Rest. Das Hornberger Schießen und das süße Meer. Der Kaiser von Kirchhofen, der Bettler von Tokio, ein bisschen Chicago und die Kuchenfrau aus der Theodorstraße. Also: die ganze Welt und was willst du mehr. Und dann?

Wurde genannt und die Gondel geblasen. Wurde genannt?

Wurde mit Namen genannt und nicht verwechselt. Und dann?

Dann war die Erde wüst und leer, aber sie standen noch auf ihr drauf. Mein Vater stand da und beschaute die leere Erde, der Kapitän stand daneben, und dort war die Gondel.

Und dann?

Ach und dann, oh und dann.

Ach, vermammeledeites, und Ah und Oh. Gut und schön und alles. Aber dann?

Der Kapitän und mein Vater standen noch da. Kurz gesagt: Sie hatten abgeräumt. In die Gondel gepackt und weiß der Kuckuck.

Sie sahen jetzt, dass nichts mehr übrig war. Der Erdball war rund und roh, und sie hatten nichts weiter zu tun. Die Gondel stand daneben und war dieselbe.

Und dann?

In den Ballon geblasen und frohe Fahrt! Der Kapitän und mein Vater bliesen den Ballon auf – und wie sie ihn aufbliesen, jeder mit seiner Lunge. Ihre Lungen oder wunder was, ihre große Puste und weiß der Himmel, ihr gemeinsamer Atem blies den Ballon auf.

Sie aßen ihre Verkleinerungskekse. Und dann? Warteten die Wirkung ab und stiegen klein in die Gondel. Von der Gondel aus, mit einem Stock, gaben sie der Erde einen Verkleinerungsklaps. Die Erde – ein ganzer Erdball und wunder was – war sehr groß und brauchte viele Klapse, beeilte sich nicht, im Gegenteil: ließ sich Zeit. Langsam schrumpfte sie unter der Gondel zusammen, bis sie klein genug für die Gondel war. Mein Vater fischte den kleinen Ball aus der Luft und legte ihn unter die Kapitänsbank.

Und dann?

Dann war der Ballon das einzige weit und breit. Er hing in der Luft und brauchte nicht aufzusteigen.

Hing in der Luft?

Irgendwo oben, unten oder daneben, irgendwo leicht und mitten in der Luft.

Oben in der Luft?

Sie hing ganz oben.
Und dann?
Der Kapitän und mein Vater in der Gondel. Die Welt oder was das gewesen war in der Gondel.
Und dann?
Ein Licht. Eine Luft. Eine fliegende Gondel.
Und dann?
Die Gondel.
Und dann?
Nichts als Gondel.

Der Kommentar

Hinführung zum Text

Zum Titel

Das Buch heißt «Suchbild/Über meinen Vater»; es hat einen Titel und einen Untertitel. Man sollte diese Bezeichnung mit einer deutlichen Pause lesen und verstehen: «Suchbild. Über meinen Vater», um die Irritation zu vermeiden, die darin liegen könnte zu glauben, hier handle es sich – in sprachlich inkorrekter Weise – um eine Suche «über» eine Person. Tatsächlich hat Meckel ein Buch vorgelegt, das *von* seinem Vater handelt, er geht darin auf die Suche *nach* seinem Vater. Daher sollte der Titel auf eindeutigere Weise – Meckels eigner Aussage zufolge – eher als ‹Suchbild. Mein Vater› verstanden werden.

Der Begriff «Suchbild» ist im Allgemeinen vor allem in der folgenden Bedeutung gebräuchlich: als Scherzbild, Rätselbild oder Bilderrätsel, auf dem in eine bildliche Darstellung versteckt eingezeichnete Figuren oder Gegenstände zu suchen sind.
Meckel selbst hat jedoch eine andere Bedeutung des Begriffs genauer umrissen. In einem Rundfunk-Interview gibt er eine Erläuterung, die den Begriff nahe an das heranrückt, was man üblicherweise Phantombild nennt. Meckel führt aus:
«‹Suchbild› ist ein Begriff aus der Kriminalistik. Man sucht einen Menschen, den man nicht genau kennt, dessen (…) Physiognomie nicht genau wahrgenommen wurde, und stellt nach Angaben eine Testzeichnung her, (…) man versucht möglichst nah an (…) die Gestalt, an die Erscheinung heranzukommen»
(CD: Literatur im Gespräch, Saarländischer Rundfunk, 9. 2. 1996).
Die Suche nach dem Vater führt für Christoph Meckel auch zur Suche nach der eigenen Identität. Er hat das in dem Aufsatz «Bericht zu dem Buch ‹Suchbild. Über meinen Vater›» dargelegt:
«Die alte Frage: wer bin ich, wo komme ich her, musste nochmal gestellt und beantwortet werden» (vgl. unten, S. 101).

Zu Eberhard Meckel

Christoph Meckel machte seinen Vater Eberhard Meckel zum Gegenstand und Thema seines Buches. An ihn suchte er in «Suchbild» möglichst genau «heranzukommen». Die Grundlage dafür bildeten die Erinnerungen Christoph Meckels. Er, der 1935 in Berlin geborene älteste Sohn von Annemarie und Eberhard Meckel, hat seinen Vater zuerst in

Berlin erlebt, bis der Vater eingezogen wurde, und dann wieder nach der Kriegsgefangenschaft, aus der der Vater 1947 nach Freiburg zurückkehrte, wohin die Mutter mit den drei Söhnen nach dem Krieg gezogen war.
Eberhard Meckel stammte aus Freiburg und ist seiner alemannischen Heimat, der Stadt, der Landschaft und der Sprache stets verbunden geblieben. Er hat sich – nachdem er während der Dreißiger Jahre in Berlin ein erfolgreicher mit Günter Eich, Peter Huchel, Horst Lange und dem «Kolonne»-Umkreis befreundeter Literat gewesen war – nach dem Krieg vor allem in seiner Heimatstadt als Schriftsteller und Kulturkritiker einen Namen gemacht.
Das Literaturlexikon von Walther Killy bietet folgende Informationen und Wertungen zu Leben und Werk Eberhard Meckels:

Meckel, Eberhard, auch: Peter Sixt, *22. 3. 1907 Freiburg i. Br., † 7. 6. 1969 ebd. – Lyriker, Erzähler, Literaturkritiker, Hörspielautor.
M., Sohn eines Architekten, studierte 1926 bis 1930 Germanistik, Kunstgeschichte u. Philosophie. Nach der Promotion in Freiburg etablierte er sich in Berlin ab 1930 als Lyriker, Kritiker u. Hörspielautor im Umkreis der jungen Autoren der Dresdner Zeitschrift «Kolonne» u. des Verlegers V. O. Stomps; mit Eich, Huchel, Horst Lange u. Martin Raschke war er befreundet. 1940 wurde er zum Militärdienst eingezogen. Nach dem Krieg, den er mit einer schweren Kopfverletzung überlebte, kehrte er mit seiner Familie nach Freiburg zurück.
Die Lyrik M.s ist epigonal Goethe, Hölderlin, Eichendorff u. Mörike verpflichtet. Über das mit redseligem Pathos stets beschworene Schöne, Edle, Reine, Stille u. Ewige, Maß u. Gesetz, Heimattum u. Vaterland gelangte sein Idealismus kaum hinaus. Ebenfalls konventionell sind die Natur- u. Weingedichte, gelungener wirken nur jene um Einfachheit des Ausdrucks bemühten Texte, die um die Kindheit kreisen. Größeren Erfolg erzielte M. mit seinen überwiegend im badisch-alemann. Raum angesiedelten Erzählungen (*Wiedersehen mit der Jugend*. Stuttgart 1935. *Die Frau in der Glocke. Seltsame Geschichten*. Straßburg 1942), unter denen autobiograph. Erinnerungen an Jugend u. Krieg sowie histor., zumeist anekdot. Stoffe u. Themen dominieren. Die Prosa M.s ist an Hebel (dessen Werke er herausgab), Kleist, Stifter, Gotthelf u. C. F. Meyer orientiert.
M.s Biographie u. sein literar. Weg sind symptomatisch für viele konservativ-nationale, christl. u. bildungsbürgerliche Autoren, die den Nationalsozialismus im ganzen positiv beurteilten u. nur Hitler mit elitärer Verachtung begegneten; die Schwäche u. «Verführbarkeit» ihrer Haltung gaben sie nach 1945 freilich niemals zu.

Wilhelm Haefs

(aus: Walther Killy (Hrsg.): Literatur Lexikon. Autoren und Werke deutscher Sprache. Bd. 8, Gütersloh / München 1990, S. 44 f.)

Der Schreibanlass

Christoph Meckel veröffentlichte das Buch über seinen Vater 1980, d. h. elf Jahre nach dem Tod des Vaters. Für diese nachträgliche literarische Vergegenwärtigung des Vaters gab es einen überraschenden Anlass, über den Christoph Meckel in «Suchbild» folgende Auskunft gibt:

«Ich hatte nicht die Absicht, mich mit meinem Vater zu beschäftigen. Über ihn zu schreiben erschien mir nicht nötig. Der Fall, ein Privatfall, war abgeschlossen. Ich hätte Erinnerungen an ihn notiert, ohne die Absicht, etwas daraus zu machen. Ich hätte vermutlich nicht länger an ihn gedacht. Neun Jahre nach seinem Tod kommt er wieder zurück und zeigt sein Profil. Seit ich seine Kriegstagebücher las, kann ich den Fall nicht auf sich beruhen lassen; er ist nicht länger privat. Ich entdeckte die Notizen eincs Menschen, den ich nicht kannte. Diesen Menschen zu kennen war nicht möglich, ihn für möglich zu halten – unzumutbar. Was ich von seiner NS-Zeit wusste, kannte ich nur aus dem, was er selber sagte. Das war die gereinigte Darstellung seiner Rolle, alles in allem ein unverfänglicher Wortlaut. Dass nichts so harmlos war, wie er das sagte, wurde angenommen, es blieben noch Zweifel. Es gab seine Lyrik und Prosa aus zwanzig Jahren, die nationale Tendenz war unverkennbar. Aber es gab, trotz allem, keinen Grund, einen anderen Menschen für möglich zu halten als jenen, der gegenwärtig und gut bekannt war. Der Mensch, den ich kannte oder zu kennen glaubte, war nur ein Teil jenes andern, den keiner kannte. Nachdem ich den einen und den andern kenne, fehlt eine Tagesordnung, zu der ich übergehn kann.»
(Suchbild, S. 33 f.)

Sechs Jahre nach der Veröffentlichung von «Suchbild» berichtet der Autor noch eindringlicher über die für ihn existentielle Bedeutung der Tagebuchlektüre:

«Einige Jahre nach dem Tod meines Vaters entdeckte ich sein Tagebuch. Da es mir freistand, zu lesen, begann ich zu lesen. Nach einer Nacht des Lesens war mir klar, dass ich auf einen anderen Vater, auf einen Unbekannten gestoßen war. Mir unbekannt war der Ideologe, sein Handeln und Denken während des Dritten Reichs. In dieser Nacht erfuhr ich einen Schock, den unmittelbaren Absturz in Desillusion. Als Vierzigjähriger stand ich vor der Frage, wie meine Vergangenheit beschaffen sei. Ich musste mich lösen aus einer Biographie, die vermeintlich eigen oder zugänglich schien, und war über Nacht zu der Einsicht gekommen, dass eine veränderte sozusagen bevorstand. Die alte Frage: wer bin ich, wo komme ich her, musste nochmal gestellt und beantwortet werden, folgerichtig und radikal.»

(Christoph Meckel, Bericht zu dem Buch ‹Suchbild/Über meinen Vater.› – In: C. M.: Dichter und andere Gesellen. München 1998, S. 25. Künftig zitiert: Bericht)

Die Verfahrensweise

Wiederholt hat Christoph Meckel betont, dass er sich für das «Suchbild» auf dokumentarisches Material stützte. Da sind zunächst die Tagebücher des Vaters, die auch auszugsweise im Buch zitiert werden. Darüber hinaus hat Meckel nach eigenem Bekunden umfangreich recherchiert: Er hat Erkundungen bei Zeitzeugen eingeholt, Veröffentlichungen seines Vaters gesammelt, den literarischen Kontext der 30er Jahre und der Nachkriegszeit erforscht, die Zeitgeschichte studiert. Aus vielen Dokumenten habe er sich das Bild seines Vaters erarbeitet, und zwar mit der größtmöglichen Genauigkeit (vgl. das Interview mit Ralph Schock in der Reihe ‹Literatur im Gespräch› vom Saarländischen Rundfunk, am 9.2. 1996).

Die Ansammlung von dokumentarischem Material ergab zunächst ein «sprachloses Vielerlei» (Bericht, vgl. unten, S. 103), aus dem nur der Entschluss zur eigenen sprachlichen Gestaltung führte: «Ich lernte kennen die Grenzen des Dokuments, seine Farblosigkeit, seine Blässe, und brauchte es doch (...) Ich begann, die Dokumente zu erzählen, in Sprache zu übersetzen, die meine war und in der ich die Gesuchten entdeckte, meinen Vater, mich selbst. So erzählte ich, oder setzte in eigene Sprache, was als Sprache des Dokuments notwendig, doch tot war. Im Erzählen des Beweisbaren und Belegten, und im Schreiben dessen, was ich selber war, baute ich einen Gegenstand aus Sprache, in dem der Gesuchte gegenständlich war. Ich erkannte ihn wieder.» (Bericht, S. 104)

Die Gattungsfrage

Christoph Meckel hat außer «Suchbild. Über meinen Vater» mehrere Prosawerke verfasst, die historische Personen zum Gegenstand haben und auf der eigenen Erfahrung und Beobachtung bzw. auf dokumentarischem Material basieren: «Erinnerung an Johannes Bobrowski» (1978), «Nachricht für Baratynski» (1981), «Ein unbekannter Mensch» (1997), «Suchbild. Meine Mutter» (2002).

Während die «Erinnerung» an Bobrowski eine aus persönlicher Erinnerung gespeiste Hommage an den verstorbenen Freund und Dichter Johannes Bobrowski ist, lässt Meckel in dem Buch über den 1844 gestorbenen russischen Lyriker Baratynski seiner Phantasie freien Lauf und verbindet Dokumentarisches mit Fiktivem und Autobiographischem.

Die drei anderen Bücher, «Suchbild. Über meinen Vater» (1980), «Ein unbekannter Mensch» (1997), «Suchbild. Meine Mutter» (2002) kann man wohl am ehesten als ‹Berichte› bezeichnen, weil sie sich um eine möglichst genaue, aus persönlicher Beobachtung und dokumentarischer Aufarbeitung hervorgehende Annäherung an die ins Auge gefasste Person bemühen. Freilich enthalten sich diese ‹Berichte› nicht des Urteils und der Bewertung gegenüber dem Wesen und Verhalten der Personen, die sie vergegenwärtigen, aber sie beleuchten sie von vielen Seiten, um sie möglichst vollständig und authentisch als eigenständige, unverwechselbare Persönlichkeiten und als Menschen in ihrer Umwelt, in der Familie, der Gesellschaft und der Geschichte vorzustellen.

«Bericht zu dem Buch ‹Suchbild. Über meinen Vater›»

Sechs Jahre nach Erscheinen von «Suchbild» hat Christoph Meckel einen «Bericht» zu diesem Buch vorgelegt. Der Text bietet Informationen zum Schreibanlass, zur Vorgehensweise bei der Recherche, zur Verfahrensweise im Umgang mit den Dokumenten und zum «Dilemma» des Schreibens über einen Menschen. Darüber hinaus enthält er ein zugespitztes Urteil über den Vater («nach einem Jahr des Sammelns stand fest, dass mein Vater ein deutschnationaler Halbnazi war, ein Mitgelaufener der Ideologie, freiwillig aktiv im Aufbau der Nazikultur») und reflektiert das Wort «über» im Titel. Er kann als zusammenfassende Hinführung zum Buch und als Erschließungshilfe verstanden werden:

Ich schaffte es, weil ich nicht
wusste, dass es unmöglich war.
Jean-Pierre Melville

Einige Jahre nach dem Tod meines Vaters entdeckte ich sein Tagebuch. Da es mir freistand, zu lesen, begann ich zu lesen. Nach einer Nacht des Lesens war mir klar, dass ich auf einen anderen Vater, auf einen Unbekannten gestoßen war. Mir unbekannt war der Ideologe, sein Handeln und Denken während des Dritten Reichs. In dieser Nacht erfuhr ich einen Schock, den unmittelbaren Absturz in Desillusion. Als Vierzigjähriger stand ich vor der Frage, wie meine Vergangenheit beschaffen sei. Ich musste mich lösen aus einer Biographie, die vermeintlich eigen oder zugänglich schien, und war über Nacht zu der Einsicht gekommen, dass eine veränderte sozusagen bevorstand. Die alte Frage: wer bin ich, wo komme ich her, musste nochmal gestellt und beantwortet werden, folgerichtig und radikal.

Das neue Kennenlernen meines Vaters, und die familiären Alpträume meiner Jugend, gaben mir, dachte ich, jedes Recht, konsequent zu recherchieren, in Frage zu ziehen, zu analysieren und darzustellen, *ohne Rücksicht auf Verluste* (der gewöhnliche Ausdruck traf die Situation), auch wenn ich selbst an Substanz verlor. Ich wusste nach jener Nacht, dass ein Buch bevorstand, ein Dossier, ein Volumen, vielleicht ein Bericht (die Form schien zu Anfang kein Problem), das notwendig für mich und meine Familie und für Unzählige von Bedeutung war. Sofort stand fest, dass es kein Roman sein könne, also keine Verwandlung des Menschen in eine Figur, doch ein offenes, gleichsam nacktes Buch, ein Beweis, der verschiedene Generationen betraf, auf keinen Fall eine Abrechnung oder dergleichen, kein Bloßstellen oder Verteidigen einer Person, kein beklagendes Schreiben, kein Rechthaben oder Beschuldigen, sondern die genaueste Feststellung dessen, was sich als Realität zu erkennen gab.

Der Mensch, der mein Vater war, stellte die eigene Person – was das Dritte Reich betraf – als untadelig dar. Meine Mutter bestätigte dieses Bild. Mein Fehler war es, ihnen geglaubt zu haben. Ich fragte mich immer wieder seit jener Nacht, wie es möglich war, geglaubt zu haben, meine Eltern nie wirklich bezweifelt zu haben – da mir doch jeder Deutsche verdächtig war. Hatte ich die Zeichen übersehen? Hatte ich das gute Glauben gewünscht, das Aufrechterhalten des Bildes – um meinetwillen? Hatte ich schonen wollen, wen wollte ich schonen? Was auch der Grund für mein Glauben war, es schien vor allem ein Desinteresse zu sein. Das Denken des Vaters interessierte mich nicht, seine Poesie ging mich nichts an. Ich hatte mit anderen Menschen und Sachen zu tun, und ließ die Herkunft hinter mir. Sie schien das nie mehr Mögliche zu sein, sie war in meinen Belangen unbrauchbar.

Der Glaube, untadelige Eltern zu haben, war eine Illusion, ich verdanke ihr viel. Sie gab mir nach dem Krieg die feste Gewissheit, ein Deutscher zu sein, der frei von Verbrechen war. In meiner Familie gab es die deutsche Geschichte – infolgedessen die kollektive Schuld –, doch darüber hinaus keinen Makel persönlicher Art. Andere Kinder hatten Nazis zu Eltern – ich nicht. Sie kamen aus antisemitischen Familien – ich nicht. Die Gewissheit war eine Chance meiner Kindheit und Jugend. Nicht vorstellbar, was geworden wäre, hätte ich meinen Vater gekannt.

Nach Befragung, Recherche und Lektüre vieler Art, nach Abenteuern des Suchens und Entdeckens, nach einem Jahr des Sammelns stand fest, dass mein Vater ein deutschnationaler Halbnazi war, ein Mitgelaufener der Ideologie, freiwillig aktiv im Aufbau der Nazikultur, indirekt die Bücherverbrennung bejahend, die Eliminierung der Kommunisten und Juden, vor allem nach dem Krieg ein kranker Charakter, der die eigene Vergangenheit zu verdrängen suchte und sich als Opfer der Geschichte sah. Ich fand noch ganz andere Angelegenheiten, habe sie aber nicht zur Sprache gebracht, weil meine Mutter geschont werden muss.

Vor mir lag ein umfangreiches Dossier, das den Fall meines Vaters als exemplarisch auswies. Die Arbeit am Buch, das schließlich zustande kam, war beschwingt und hell in ihrer Entschiedenheit, und nicht, wie man annehmen könnte, kompliziert. Es war kein belastender oder entlastender Vorgang, sondern Genauigkeit des Erinnerns und Schreibens und die Entdeckung, den Menschen geliebt zu haben, der nun der Gegenstand eines Buches war.

Ich hatte mehrmals über Menschen geschrieben, und kannte das Dilemma dieses Schreibens – es besteht darin, dass ein Autor beurteilen muss. Den Lebenden, dann Toten zu bewerten – was ist denn das? Anmaßung? Hybris? Konsequenz aus Erkenntnis und Handwerk? Es ist vor allem eine Notwendigkeit, die er weder sich selbst noch dem andern erspart, und ist eine Frage der Qualität. Ohne Beurteilung verfiele die Welt, und die Geschichte verschwände als Phantom. Er geht von sich selbst und seiner Epoche aus, von Weltbild, Lebensgefühl und eigener Sprache, greift mit den gegebenen Substanzen um sich, bereichert sein Soll und Haben mit Welt und Zeit. Und er schreibt, wenn er Menschen schreibt, nicht mehr für sich. Er ist der selbstbeglaubigte Zeuge des andern, und weiß, dass Zeugenschaft nicht selbstlos ist. Er macht eine Sprache, und einen Menschen aus Sprache – Abbild? Zerrbild? Gestalt? Figur? – und das ist nicht selbstlos. Ich hatte über Johannes Bobrowski geschrieben, Gedächtnisbuch einer Freundschaft, Erinnerung, das hieß: ich war frei im Erinnern an einen Menschen, an Werk, Ästhetik, Person und politische Zeit. Ich war nicht der erste, der schrieb, und nicht der letzte. Andere archivierten und analysierten, kritisierten, studierten und polemisierten Bobrowski, in Ost und West auf gegensätzliche Art, und ich war nur einer im Betrieb des Gedenkens, vielleicht um kleine persönliche Kenntnis reicher, sie gab mir die Chance, genau im Erinnern zu sein.

Was machte ich mit dem, der mein Vater war.

Im Durcheinander von Dasein und Dokument, Erinnerung und begonnenen Sätzen war mein Vater untergegangen, ein Streugut aus Stoffen, ein unfassbares Lebewesen in Form von Collagen, im simultanen Lärm seiner Einzelheiten, der unfassbarste Vater, den ich je besaß. Ich stellte her (ich schrieb nicht, doch stellte her) eine Fassung aus Dokumenten, Zitaten und Bildern, ein Arrangement, ein Konglomerat aus Beweisen, in dem ich wenig mehr als Regie betrieb. Das Ergebnis war ein sprachloses Vielerlei, eine heterogene Wirtschaft aus Rohstoff und Absicht, und ohne den Funken, den Funken – Magie. Die Gestalt und der Autor blieben unsichtbar. Die Sprache des einzelnen Dokuments war deutlich, doch in der Zusammensetzung anonym. Was ließ sich ändern?

Im von mir angerichteten Vielerlei suchte ich den, der mein Vater war.

Ich war der erste, der sein Dasein festhielt, vielleicht der einzige überhaupt. Jedenfalls der einzige, der das konnte, im Verschmelzen von Leben und Sprache der möglichste Mensch? der unmöglichste Mensch? der einzige heute und hier.

Später andere Sprachen, ganz andere Sprachen.

Ich lernte kennen die Grenzen des Dokuments, seine Farblosigkeit, seine Blässe, und brauchte es doch. Es war notwendig, aber nicht als

Form. Das Dokument, in die Collage gebunden, war für mein Buch ein zu übliches Ding. «Sind Tatsachen nicht langweilig?» (Nicolas Born) Ich begann, die Dokumente zu erzählen, in Sprache zu übersetzen, die meine war und in der ich die Gesuchten entdeckte, meinen Vater, mich selbst. So erzählte ich, oder setzte in eigene Sprache, was als Sprache des Dokuments notwendig, doch tot war. Im Erzählen des Beweisbaren und Belegten, und im Schreiben dessen, was ich selber war, baute ich einen Gegenstand aus Sprache, in dem der Gesuchte gegenständlich war. Ich erkannte ihn wieder.

Wenn ich heute an meinen Vater denke, bleibt oder treibt der Gedanke jenseits des Buchs, sein Wortlaut verstellt nicht das Bild der Erinnerung. Doch ich denke nicht oft an ihn. Er bleibt für mich vorhanden als Gestalt, in seiner Landschaft und mit seinem Wein, in seinen Leiden, mit einigen seiner Gedichte, er ist mein Vater.

Habe ich ÜBER meinen Vater geschrieben? Das Wort steht, scheint es zu Recht, im Titel des Buchs. Nachdem ich Bücher schrieb, die von Menschen handeln, weiß ich, dass ein ÜBER nicht möglich ist. Das Wort ist falsch. Es gibt kein Gedicht ÜBER ein Motiv (es gibt nur Verwandlung), und für mich kein Buch, ÜBER einen Menschen geschrieben. Der Mensch, der andere, ist kein Modell, so ungeheuer, abgründig, nicht zu fassen. Doch scheint sich das Wort nicht ersetzen zu lassen. Wie könnte es lauten?

Ein Buch, das von einem Menschen handelt, von ihm zu berichten oder zu handeln versucht? Ein nur einmal möglicher Versuch aus Sprache, der, einen Menschen zum Gegenstand hat? Zum Gegenstand macht? Der einem bestimmten Menschen gilt? Einen Menschen betrifft? Einige Seiten, die einen Menschen zeigen? darstellen? skizzieren? nachzeichnen? umreißen? untersuchen? analysieren? vergegenwärtigen? beschwören? beglaubigen – und weiter?

(Christoph Meckel, Bericht zu dem Buch «Suchbild / Über meinen Vater». – In: C.M.: Dichter und andere Gesellen. München, Wien 1998, S. 25–30)

Erschließung des Textes

Die Grafik

Christoph Meckel, der das Zeichnen als seinen zweiten «Hauptberuf» – neben der Schriftstellerei – bezeichnet und ein umfangreiches graphisches Werk vorgelegt hat, stellt die Grafik als Frontispiz (Titelblatt mit Titelbild) vor den Text. Das ist sicherlich von Bedeutung. Allerdings gibt die Grafik Rätsel auf. Sie zeigt einen großen, einer Trauerweide ähnlichen Baum; neben ihm steht im hohen Gras eine mit dem Hut winkende Figur. Es ist ein Mann, der einen auffällig schachbrettartig gemusterten Pullover trägt, sein Hut ist ein Zylinder. Über ihm und wie kopfüber auf ihn herabstürzend sieht man einen riesigen eulenartigen Vogel. Hinter dem winkenden Mann erscheint über dem Gras ein maskenartiger Kopf, der aus anderen Grafiken Meckels als «Bobosch» bekannt ist, links neben dem Baum steht ein Krug. Insgesamt vermittelt die Grafik den Eindruck einer bedrohten Idylle. Dem Betrachter bleiben, auch im Hinblick auf den Text, viele Fragen: Wer ist der Mann? Wem winkt er? Was bedeuten die Requisiten auf dem Bild? Ist die Grafik eine Art Prolog, der auf den Epilog, die «Nachgeschichte», zu beziehen ist?

Die Mottos

Vor dem eigentlichen Textbeginn stehen drei Mottos; alle drei haben es mit der Sinndeutung und Beurteilung von menschlichem Leben und Verhalten zu tun und betrachten es aus mehr biologischer, historischer oder ethischer Perspektive. Dem Leser bleibt es überlassen zu überlegen, welche Bewertungen jeweils vorgenommen werden und wie die Mottos auf den Vater und den Sohn zu beziehen sind.

Die «Nachgeschichte»

An den eigentlichen «Suchbild»-Text schließt sich eine knappe, märchenhaft-phantasievolle «Nachgeschichte» an, die insofern mit dem «Suchbild»-Text verbunden ist, als sie die Figur des Vaters aufnimmt und in ein phantastisches Geschehen einbindet. Wiederholt hat Meckel jedoch auch die Eigenständigkeit dieses Epilogs betont und ihn als «Gedicht» bezeichnet. Seine besondere Rätselhaftigkeit ist nicht leicht zu entschlüsseln und erlaubt unterschiedliche Deutungen.

Die Themenbereiche und die Gliederung des Textes

Die sechs durch römische Ziffern gekennzeichneten Kapitel oder Abschnitte des «Suchbilds» behandeln sechs Themenbereiche, in deren Zentrum jeweils ein Abschnitt des Lebens von Eberhard Meckel dargestellt ist. Die Lebensstationen werden in chronologischer Reihenfolge geboten. Dabei wird Eberhard Meckels Leben in seinen Voraussetzungen, Bedingungen und Beeinflussungen, seinen familiären, gesellschaftlichen, beruflichen und zeithistorischen Umständen und Kontexten beleuchtet. Eberhard Meckel wird mit seinen schriftstellerischen Ambitionen und persönlichen Gestaltungsspielräumen, seinen politischen Abhängigkeiten, seinen physischen Beeinträchtigungen und psychischen Zwängen und in seinen charakterlichen Entwicklungen vorgeführt. Nicht zuletzt ist der Vater als Vater und Literat auch immer wieder der kritischen Beobachtung und Beurteilung des Sohnes, des Verfassers, ausgesetzt.

Das Buch über den Vater ist aber zugleich auch ein Buch über den Sohn, ein autobiographisches Buch, denn Christoph Meckel teilt in dem Buch über seinen Vater nicht wenig von sich selbst mit: von seiner Biographie, seiner geistigen Entwicklung, seiner zunehmenden Distanzierung vom Vater, seinem Freiheitsdrang und seiner Flucht aus dem Elternhaus, schließlich von seinen künstlerischen Neigungen und Hervorbringungen und seinen Ansichten über literarische Produktion. Die Auffassung von schriftstellerischer Arbeit entwickelt der Sohn in deutlicher Abgrenzung vom Vater; sie führt ihn schließlich zu einer radikalen Kritik am Schriftsteller Eberhard Meckel. Zugleich wird dabei jedoch das Selbstverständnis des Künstlers Christoph Meckel erkennbar. Das Buch über den Vater ist daher zugleich ein Buch über die Identitätsfindung des Sohnes als Künstlerpersönlichkeit. Das sollte nicht übersehen werden, auch wenn die Kapiteleinteilung am Leben des Vaters orientiert ist.

Man könnte, in starker Abstraktion, den sechs Kapiteln folgende zusammenfassende Überschriften geben:

I. Jugend in der Provinz
II. Die Dreißiger Jahre in Berlin
III. Im Krieg
IV. In Gefangenschaft
V. Die Nachkriegszeit
VI. Fazit über die Schriftsteller-Existenz

Fassen Sie den Inhalt eines jeden der sechs Kapitel knapp zusammen. Beobachten Sie dabei auch, wie die einzelnen Kapitel formal aufgebaut sind, und äußern Sie sich zur Erzählhaltung des Autors.
(Besonders für Teamwork geeignet.)

Lesen Sie die folgenden Gedichte von Günter Eich und Peter Huchel und erwägen Sie, ob in ihnen eine Absage an die «Verantwortung vor der Zeit» zum Ausdruck kommt, wie Christoph Meckel, eine Formulierung Eichs aus dem Jahr 1930 aufgreifend, meint.

Wiepersdorf,
die Arnimschen Gräber

Die Rosen im Verwildern,
verwachsen Weg und Zaun, –
in unverwelkten Bildern
bleibt noch die Welt zu schaun.

Tönt noch das Unkenläuten
zart durch den Krähenschrei,
will es dem Ohr bedeuten
den Hauch der Zauberei.

Umspinnt die Gräberhügel
Geißblatt und Rosendorn,
hört im Libellenflügel
des Knaben Wunderhorn!

Die Gräser atmen Kühle
im gelben Mittagslicht,
Dem wilden Laubgefühle
versank die Stunde nicht.

Im Vogelruf gefangen,
im Kiefernwind vertauscht
der Schritt, den sie gegangen,
das Wort, dem sie gelauscht.

Dem Leben, wie sies litten,
aufs Grab der Blume Lohn:
Für Achim Margeriten
und für Bettina Mohn!

Nicht unter Stein und Ranke
schläft oder schlägt ihr Herz,
ein ahnender Gedanke
weht her von anderwärts.

Verstummen uns die Zeichen,
wenn Lurch und Krähe schwieg,
hallt aus den Sternbereichen
die andere Musik.

(Günter Eich, Gesammelte Werke in vier Bänden. Revidierte Ausgabe. Hrsg. von Axel Vieregg, Frankfurt am Main 1991, Bd. 1, S. 66f.)

Wiepersdorf

Wie du nun gehst im späten Regen,
der Mond und Himmel kälter flößt
und auf den laubverschwemmten Wegen
den Riss in die Gespinste stößt,
flammt über Tor und Efeumauer,
die Gräber wärmend, noch ein Blitz.
Und flatternd schreit im hellen Schauer
das düstre Volk am Krähensitz.
Dann ist es still. Der Teich der Unken,
das schuppiggrüne Algenglimmen
tönt klagend nur und dünn und hohl,
metallner Hall in Nacht versunken.

Wo gingt ihr hin? – Geliebte Stimmen,
unsterbliche, wo seid ihr wohl?

(Peter Huchel, Gesammelte Werke in zwei Bänden. Hrsg. von Axel Vieregg. Frankfurt am Main 1984, Bd. 1, S. 91)

Was hat Ihrer Meinung nach Christoph Meckel seinem Vater für seine eigene Entwicklung zum Dichter zu verdanken?

Zur «Nachgeschichte»:
Diskutieren Sie folgende Deutungen der «Nachgeschichte»: Könnte sie dem Vater eine Reise «ins Offene» ermöglichen, die – nach Auffassung des Sohnes – dem Vater in seinem Dichten versagt war (vgl. S. 84)? Handelt es sich um einen «umgekehrten Schöpfungsakt» (Leykam, vgl. S. 125), in dem alles verschwindet? Ist sie eine eigenständige phantastische Geschichte, die nur lose mit der Geschichte des Vaters zusammenhängt? Sehen Sie eine Beziehung der «Nachgeschichte» zum Titelblatt, der Grafik?

Kontexte

Verse des Vaters und Verse auf den Vater

Die Tatsache, dass Christoph Meckels Vater Schriftsteller war und als solcher vom Sohn besonders kritisch analysiert wird, ist für «Suchbild» konstitutiv: In der radikalen Auseinandersetzung mit dem Schriftsteller Eberhard Meckel kann man Ziel- und Endpunkt des Vater-Buchs sehen.

Eberhard Meckels schriftstellerische Produktion ist heute weitgehend unbekannt. Auch seine Lyrik ist vergessen. Christoph Meckel nennt sie in seinem «Gedicht für meinen Vater» eine «Hand voll / verwelklicher Verse». Die im folgenden abgedruckten Texte aus verschiedenen Werkphasen sollen ein eigenes Urteil ermöglichen. Vor ihrem Hintergrund kann auch Christoph Meckels «Gedicht für meinen Vater» gesehen werden.

Eberhard Meckel hat wiederholt Gedichte auf seinen Sohn, bzw. seine Söhne geschrieben. 1935 wurde Christoph geboren (1939 und 1942 seine Brüder Andreas und Wolfgang). Die vorgelegten Texte bezeugen die Zuneigung des Vaters zu seinen Söhnen; zugleich können sie die Machart der Gedichte Eberhard Meckels vorführen. Christoph Meckel nannte die «Tonart» der frühen Gedichte in dem schon zitierten Interview «vollkommen historisch». Das Gedicht «Älterwerden» allerdings ließ er gelten.

Für mein werdendes Kind

Du, noch vom Dunkel umhüllt,
eingebettet im Schoß,
der dich leise mit Leben erfüllt,
größer dich macht und groß –

Kind, das du ohne Arg
dich ins Vergängliche winzig verfingst,
und, so klein es von Anfang dich barg,
doch schon Schmerzen und Lächeln erzwingst –

Wenn dich das Licht erst umfängt,
wirst du mit jedem Jahr
weiter von dem verdrängt,
was deine Heimat war.

Wo du hineinwächst, die Welt
ist unter Halbheit gebeugt,

jäh in sich selber zerspellt,
doch du bist zur Ganzheit gezeugt.

Glaube nur lange fest,
alles um dich sei schön.
Wenn dich der Glaube verläßt,
mußt allein du ins Werdende gehn.

Keiner zahlt je dir heraus,
was du ihm als Münze erlegst
und als tröstenden Strauß
vor die Türen der anderen trägst.

Wäge nie nach Gewinn!
Das meiste bleibt dir Verlust.
Doch gib dich nie daran hin,
nur das zu tun, was du mußt.

Doch das sind Worte viel:
Die Tat erst verlangt ihr Recht!
Neu zwischen Ernst und Spiel
gefordert ist jedes Geschlecht.

Darum tu, du werdendes Kind,
was dir als erstes bestellt:
Verzaubere ahnungslos blind
im Auge der Mutter die Welt!

(Eberhard Meckel, Gesammelte Gedichte. Wiesbaden 1949, S. 77f. – Der Text stammt aus dem Jahr 1934.)

In Erwartung des Kindes

Da wir dich nun bald erwarten,
drängt uns ein Gedanke bang,
denn wir lebten in der harten
Zeit schon schwere Jahre lang,
fragen wir die Zukunft blind:
Wirst du einst ein Tränenkind?

Sorge schied von uns nie weiter,
als der Schlaf bei uns verweilt,
und die Freude war ein Reiter,
der zu rasch vorübereilt.
Sag uns, die in Kummer sind:
Wirst du einst ein Tränenkind?

Alles Dunkle, alles Ernste,
das sich schattet im Gesicht,
bleibt es dir einmal das Fernste,
oder du entrinnst ihm nicht?
Gib uns Antwort aus dem Wind:
Wirst du einst ein Tränenkind?

Wenn sich deine Glieder regen
zart und fordernd unterm Herz,
wir erfuhren wenig Segen,
denn das Dasein ist wie Erz.
Deut uns, eh dein Tag beginnt:
Wirst du einst ein Tränenkind?

Oder wird die Frau erhalten,
was bisher der Schmerz verhieß,
der aus ungebornem Walten
sie erst hilflos ahnen ließ,
was am Ende sie gewinnt:
Du, wirst du ein Tränenkind?

Für dein Kommen, dein Erwachen
zählt des Mannes Glaube mit?
Kind, wir hören schon dein Lachen,
sehen deinen ersten Schritt,
fühlen deinen Atem lind:
Nein, du wirst kein Tränenkind!

(Ebenda, S. 81 f. – Der Text stammt von 1936.)

An meine Söhne

Wie ich die Jahre durchschau,
Stunde und Tag genau:
Hab ich viel Zeit versäumt,
da ich geträumt?

Wenn ich zum Wahreren fand,
dann durch der Träume Band.
Ohne den halben Spuk
war doch nur Lug.

Söhne, drum, werdet ihr groß,
sei euch das gleiche Los.
Was ich nicht trug nachhaus,
träumet es aus!

(Ebenda, S. 94. – Der Text stammt von 1943.)

In der Jahrhundertmitte

Bittere Alleinseinslauge
wische das Salz vom Auge,
spieglige Türen führen durchs Haus,
wage getrost sie aus!

Durch die Fenster schimmern Sterne im Leeren,
Schwermut heißt Mut zum Schweren,
riesig den Riss durch das Himmelsgelicht
heilt doch kein Glockengedicht.

Tritt durch die Scheibe aus dem Bereiche von Schmerz
kalten Gesichtes über die Scherbenschwelle –
nimmt es dich dunkelwärts,
führt's dich vielleicht ins Helle.

Hyänenopfer, selbst Hyäne:
Nur im Gegäng der Brust
das Reich hinter der Träne,
das Reich hinter der Lust.

Älterwerden

Hab früher ich Verse gemacht,
etwas Schönes mir ausgedacht
von Wiesenblumen und Mädchen –
Zeit drehte die bunten Rädchen
und zeigte andere Bilder,
beschriftete anders die Schilder.

Die Schwestersüße der Malven,
des Mohnes grelle Salven,
des Eisenhuts blaue Gewalt,
sie lassen mich zwar nicht kalt,
doch stehe ich hinterm Fenster
und grüß sie als Gartengespenster.

August, für mich ist er um.
September machte mich stumm.
Die Herbstzeitlosen sind dran.
Oktoberobst schmeckt dem Mann.
Das Winterspektrum enthält
einfach die Farben der Welt.

(Eberhard Meckel, Vom Traume nicht verschont. Gedichte und Prosa. Eine Auswahl. Hrsg. von Walter Jacobi. Mit einem Vorwort von Albrecht Goes. Waldkirch 1987, S. 46 und 49. – Die Texte stammen von 1952.)

Christoph Meckel verfasste im Todesjahr seines Vaters, 1969, folgendes Gedicht:

Gedicht für meinen Vater

Lebenslang
lebendig begraben
in einem grauen Grab Melancholie,
dort wirst du nicht verlangt, und bist allein,
eingerichtet mit zerbrochenen Glocken
Sonnenblumen, Laub und nächtlichem Wind
dort gehst du umher, einen kleinen, verklingenden
Donner hauchend in eine Flasche Wein
und hältst ein Lachen
vor dein zersprungenes Gesicht.

Der dir den Vers schreibt, besucht dich
in einer Nacht, da Tau und Nüsse fallen,
aufsteigend aus Räumen voll Bläue, worin Gebirge
kommen und gehn, und meerentstiegenes
felsenspaltendes Licht verschwendend raucht in den Himmel
und schenkt dir Strophen aus Salz, ein Lachen
teilend mit dir, und Schweigen
dein tägliches Grab.

Allein gelassen, träumst du gern
weltreisende Engel
die sich niederließen zur Nacht
im märzlichen Weinberg nahe deinem Haus;
der warme Wind weht Steine auf deinen Tisch
und zu der Zeit, da Tau und Nüsse fallen
besucht dich, der dir schreibt den Vers
Kirschwasser mit dir zu trinken
im Schwarzwälder Herbst.

Eine Hand voll
verwelklicher Verse hältst du
gegen den großen Untergang. Dein Herrgott
schlägt sein Wasser ab an deinem Sarg,
er spuckt in dein Schweißtuch
und kennt deine Verse nicht.

Einmal
herab von den Hügeln
wird wandern der Kirschbaum, funkelnd
Einzug halten in dein verfinstertes Haus

und herabschnein Blüte Schneeglanz
auf dein im Schlaf noch ruheloses Gesicht,

einmal verklingen werden deine Strophen
im kirschenweißen Mittag, und der vergebliche
Vers, deine Marter
macht dich gelassen am Ende.

(Christoph Meckel, Verschiedene Tätigkeiten. Geschichten, Bilder und Gedichte. Hrsg. von Wulf Segebrecht. Stuttgart 1972, S. 52f.)

Charakterisieren Sie die Gedichte, die Eberhard Meckel vor und nach 1945 geschrieben hat, vergleichend nach wesentlichen Inhalts- und Formmerkmalen und verfassen Sie eine kritische Würdigung. Lassen sich Wandlungen in der Sichtweise des Vaters erkennen und wie bewerten sie diese? Scheint Ihnen die Beurteilung der Gedichte durch den Sohn Christoph Meckel gerechtfertigt?

Interpretieren Sie das «Gedicht für meinen Vater» von Christoph Meckel (von 1969) und vergleichen Sie seine Aussage mit dem Bild des Vaters in «Suchbild».

Aufzeichnungen der Mutter

Meckel berichtet in «Suchbild. Über meinen Vater» nur sehr wenig von seiner Mutter. «In diesem Buch fehlt die Gestalt meiner Mutter», hat er selbst gesagt (Interview mit Ralph Schock, 1996) und als Grund dafür angeführt, es sei ihm um Diskretion gegangen («nichts Privates sollte zur Sprache kommen», ebenda) und seine Mutter, die noch lebte, müsse geschont werden.

Christoph Meckels Mutter, Annemarie Meckel, hat sich 1982 selbst zu einer kleinen Publikation entschlossen und zwei Jahre nach Erscheinen von Christoph Meckels Buch über seinen Vater unter dem Titel «Das Bild des Gefangenen. Tagebuchauszüge 1944–1947» eigene Aufzeichnungen vorgelegt. Sie zeigen nicht nur die kaum «mehr vorstellbare Zusammenballung allgemeiner Not» in dieser Zeit, sondern machen auch das zermürbende Warten auf Nachrichten und auf die Rückkehr des «am Rande der Sahara» gefangenen Ehemanns und Vaters eindringlich deutlich. Einleitend und den Inhalt der Tagebuch-Notizen zusammenfassend heißt es über die Zeit um das Kriegsende, damals sei «menschliches Unglück in seiner Nacktheit» zutage getreten:

Jedenfalls da, wo wir waren. Wir – das heißt, Frau und drei sehr junge Söhne, von denen der älteste, zehnjährig, vieles der dunklen Erfahrungen bewusst miterlebte – sahen uns während dieser Zeit des Chaos an einen brisanten, nahe der Nahtstelle zwischen Ost und West gelegenen Ort verschlagen. Von den letzten Kriegsmonaten aus Freiburg vertrieben, waren wir in Erfurt gelandet, im elterlichen Haus, und damit in dem zunächst amerikanisch, bald darauf russisch besetzten Gebiet. Es wurde von der Nähe der Grenze beherrscht. Kurz nach dem Mai 1945 setzten, von Ost und West kommend, die Elendszüge ein, die sich hier kreuzten, stauten, vermischten zu einem wahren Maelstrom, aus dem mancher, der Krieg und Gefangenschaft überstanden hatte, nicht mehr herausfand. Von Osten kamen die zerlumpten Scharen der ersten Heimkehrer aus der Gefangenschaft, kamen die Vertriebenen aus vielen Gegenden, vor allem dem Sudetenland. Von Westen strebten alle die zurück, die durch Hitlers menschenverachtende Verschiebung von Arbeitskräften aus den thüringischen und sächsischen Städten und Dörfern verschlagen worden waren. Dazu die grauen Züge entlassener Gefangener aus den Hungerlagern am Rhein. Zuweilen ballten sich diese Menschenströme, zuweilen ließen sie nach, hörten auch einmal auf, kamen aber immer wieder; die einen besessen von irgendeinem Ziel, andere wartend, ohne zu wissen worauf.

Das geradezu eschatologische Warten, das viele zu der Zeit erfüllte, verdichtete sich für uns im Warten auf die Rückkehr des Gefangenen. Und hier liegt der andere, persönliche und mir ganz unwiderstehliche Anlass zu einer Veröffentlichung. Eberhard Meckel hatte sich, nach langen Monaten des Vermisstseins, als lebend gemeldet aus einem französischen Gefangenenlager, am Rande der Sahara. Mit dieser kargen Nachricht und keiner weiteren waren wir auf den Weg, den Auszug aus dem gelobten Land, das Freiburg uns seit jeher bedeutete, gegangen, und das Bild des Gefangenen wurde zum Stern, der aus weiter Ferne, entrückt, unwirklich und sehr tröstlich durch die folgende Zeit und ihre Bedrohungen schien. Es war so, dass dieses Bild, wie durch Lichtjahre hindurchgegangen, rein sich zeigte und sein Wesen ausstrahlte bis zu uns hin.

(Annemarie Meckel, Das Bild des Gefangenen. Tagebuchauszüge 1944–1947. Freiburg im Breisgau 1982, S. 6f.)

Annemarie Meckel überlässt es dem Leser, in ihrer Veröffentlichung auch eine «Hinzufügung» (S. 8) zu Christoph Meckels Vater-Buch zu sehen. Jedenfalls kommt ihr Blick auf Eberhard Meckel, wie schon diese einleitenden Sätze zeigen, selbstverständlich aus einer ganz anderen Perspektive als der ihres Sohnes.

Dieser hat – und das gehört in den Kontext von «Suchbild. Über meinen Vater» – später auch ein Porträt seiner Mutter verfasst und ihm ebenfalls den Titel «Suchbild» gegeben.

«Suchbild. Meine Mutter»

Im Jahr 2002 – 22 Jahre nach dem Erscheinen des Vater-Buchs – hat Christoph Meckel das «Suchbild. Meine Mutter» publiziert, nachdem seine Mutter im April 2001 im Alter von 92 Jahren verstorben war. Dieses Buch unterscheidet sich schon im Ausgangspunkt vom Vater-Buch. Während der Verfasser dort mit dem «Glück der ersten Erinnerung» (vgl. oben, S. 7) an den Vater in der frühen Kindheit beginnt und von ihm sagt, er war damals «ein Vater ohne Vergleich, Spielmeister, großer Bruder, Vertrauter und Freund» (vgl. oben, S. 26), setzt das Mutter-Buch mit dem Bekenntnis ein: «ich habe meine Mutter nicht geliebt» (Christoph Meckel: Suchbild. Meine Mutter. München, Wien 2002, S. 7). Und weiter heißt es: «Die Sympathie, die einzige, die ich empfinde, besteht in der objektivierten Erinnerung» (S. 9). In diesem Sinne wird die Mutter aus verschiedenen Blickwinkeln gesehen: wie sie Konversation macht und sich in Gesellschaft bewegt, wie der Ehemann sie verehrt und welche Lektüre sie schätzt, dass sie, selbst promovierte Anglistin, einen «unbedingten Glauben an Intelligenz» hatte und als höhere Tochter aus bürgerlichem Haus mit dem «Anspruch auf Sorglosigkeit» (S. 25) auftrat – bis mit dem Ausbruch des Kriegs, als der Mann Soldat wurde, die «heitere Zeit ihres Lebens» (S. 26) zu Ende war. Für die Kriegszeit, in der die Mutter mit ihren Kindern von schlimmsten Sorgen und größter Not belastet war, hat der Porträtist allerdings nur verallgemeinernde Erinnerungen übrig: In dieser Zeit nämlich, heißt es,

> fand statt und wurde überlebt, was für Millionen Deutsche bestimmend war: mehrfacher Ortswechsel, Kälte, Hunger und Not; Bombardierung, Angst, alltägliche Lebensgefahr; das Vermisstsein ihres Mannes, der Tod ihres Bruders; das Herunterkommen in Armut und Wohnungsnot; der Wechsel von Razzien, Besatzungsmächten und Zonen; die Ernährung ihrer Kinder und ihrer Eltern und schließlich die zur Beklemmung gewordene Frage: wann kommt *dein Vater* aus der Gefangenschaft; wie wird man leben und wer wird man sein.
>
> Sie war, was zeitgeschichtliche Formeln behaupten: die deutsche Frau, die tapfere Mutter im Krieg, die Frau des Frontsoldaten – ein deutscher Fall. Sie musste sein, was sie nicht war: praktisch, nützlich, entschieden und konkret; einfallsreich, voraussichtig, selbstlos und zäh. Lebenstüchtigkeit, von ihr verachtet, wurde zum chronischen Zustand, ein Kriegsberuf (...)
>
> Für mich blieb meine Mutter immer dieselbe, und Krieg und Frieden änderten nichts an ihr. Sie war etwas abwesend, unduldsam und gereizt (was jedem ihrer Kinder begreiflich war), nahm Fragen oder Berichte nur flüchtig auf. Zerstreute Antworten, fehlende Heiterkeit. Sie war nicht erreichbar. Eine Manier des Verordnens prägte sich aus. Du gehst als erster zu Bett und du als letzter; du isst die Kartoffeln, du den Haferbrei; du setzt dich auf jenen Stuhl und du auf diesen; Sie, Lucie, schneiden die Rüben, danach den Salat. Ein freudloses Ordnungssystem in kleiner Verteilung, dem alles Erreichbare unterworfen war. Meine Vergleiche mit dem fehlenden Vater, laut gedacht oder ohne Bedenken geäußert, fielen nie zu ihren Gunsten aus. (S. 26 f.)

Zu Gunsten der Mutter fällt in dem ihr geltenden Suchbild wenig aus, vielmehr wird ihr eine ganze Reihe von Defiziten nachgetragen wie Instinktlosigkeit, Phantasielosigkeit, mangelnde Lebenslust, Fehlen von Humor und Spiel, von Natürlichkeit, Spontaneität, Sinnlichkeit, Lebendigkeit, Hingabefähigkeit, Zärtlichkeit usw. Die Distanz ihren Kindern gegenüber hat ihr der Sohn verübelt:

> Sie wies immer häufiger alles Lebendige ab. Das Lebendigste im Haus waren ihre Kinder, das Lebendigste war zuviel, zu direkt und roh. Das Lebendigste sprengte Formen, Manier und Manieren, das Lebendigste wollte hungrig und heiter sein. Es wollte einer Mutter sicher sein, zum Spielen, Umarmen und Küssen, zum Lachen und Weinen. Das Lebendigste hätte eine Freundin gebraucht, die Leben lebendig sein ließ und lebendiger machte. Das hätte genügt, es hätte für immer genügt. Da wäre die Mutter eine Natur gewesen. Ihr bloßes Vorhandensein hätte allem genügt.
>
> Sie vermittelte das Fehlen ihrer Natur, das beständige Fehlen von Natürlichkeit.
>
> Im Lauf der Zeit fing sie an, zu spüren, ohne Bewusstheit, dass Fehlendes in ihr war. Sie wies die Möglichkeit eines Mangels ab – dass etwas von ihr versäumt, nicht verwirklicht sei. Bis ins hohe Alter blieb ihr der Hochmut treu, ihre prinzipielle Gewissheit, im Recht zu sein. Die Beglaubigung durch ihre Kinder blieb aus. Drei Söhne waren, gebeutelt in ihren Instinkten, zur erwünschten Bestätigung nicht imstand.
>
> Ihr Leiden äußerte sich durch Verdrossenheit. Latenter Unmut versauerte ihren Charme. (S. 76)

Es ist offensichtlich, dass der Sohn die Erwartungen, die er, wie diese Zeilen zeigen, an eine liebende Mutter stellt, bei seiner Mutter nicht erfüllt sieht. Dies ist der Grund dafür, dass er sagen kann, «ich habe meine Mutter nicht geliebt» (S. 7). Die behauptete «objektivierte Erinnerung» (S. 9), die Meckel für sein Mutter-Suchbild in Anspruch nimmt, ist der formale Ausdruck dieser Lieblosigkeit.

Allerdings gelingen Meckel auch sehr einprägsame Miniaturen zur Charakterisierung der Mutter, beispielsweise, wenn er sie in Gedanken auf dem Sofa sitzen sieht, oder wenn er beschreibt, wie sie isst:

> Der Gedanke verdeutlicht die immer gleiche Figur. Sie sitzt in der Mitte des Sofas und liest. Geschwungene Rokokoleisten flankieren die Schultern. Über dem Kopf, dem lebenslang schwarzen Haar, eine Landschaft von Emil Bizer in kunstlosem Rahmen (sie stellt den Oberrhein im Winter dar). Meine Mutter ist mit aparten Stoffen bekleidet und trägt ein schweres Armband aus gelbem Horn. Das Buch unter ihren Händen ist nicht zu sehn (die ovale Tischplatte scheint es vor mir zu verbergen), doch handelt es sich um die schöne Literatur, ein Band von Proust, eine Auswahl von Mallarmé. Das ist in der Freiburger Wohnung, dem Ort meiner Jugend, im engen Wohnzimmer mit den bescheidenen Stühlen, dem bebenden Bretterboden, dem Teppich darauf. Zwei alte, am Rand zerschlissene Sessel stehn dort, eine Biedermeierkommode, der Spiegel darüber, und die zarte,

bräunliche Hülse des Hammerklaviers. Zwei Fenster gehn in das Grün der Siedlung, von angehängten Stoffwülsten isoliert. Sie hebt den Kopf, als habe sie mich bemerkt (so schien sie mich hunderte Male bemerkt zu haben, so wurde sie immer wieder beim Lesen gestört, am frühen Abend, wenn man nach Hause kam). Sie sieht mich zerstreut, ein wenig fassungslos an, es ist nicht sicher, ob sie mich bemerkt oder einen der Brüder vermutet, ein störendes Kind. Ich erhalte Gelegenheit, ihr etwas zu sagen, doch lädt mich ihr Ausdruck nicht ein, es wirklich zu tun. Sie scheint in Ruhe zu warten, dass etwas verlautet, sie scheint bereit, einen Wortlaut entgegenzunehmen, ein lautloser Unwille scheint sich im Raum zu verbreiten, sehr fein, kaum merklich, vielleicht nur vermutet von mir. Da kein Wort sich ermutigt fühlt und nichts erfolgt, da der Platz im Raum der Dame im Sofa gehört, da Störung zu offensichtlich das Kind verneint, vielleicht zurückweist in eine andere Zeit, bleibt der Raum ohne Wortlaut leer, und sie senkt den Kopf. Ihr Gesicht fällt in das Buch. Sie schweigt und liest. (S. 17 f.)

*

Sie hatte Durst und Hunger, jedoch in Grenzen, sie hatte Gaumennerven und sättigte sich. Der Stil verwandelte Essen in reizvolles Speisen, nicht oft kam vor, dass der Hunger den Stil vergaß. Sie aß gemäßigt, mit mäßigem Appetit, und Quantität war kein Begriff für sie. Sie pickte angeregt in schönen Salaten und führte sie blättchenweise in den Mund. Sie teilte Speisen in immer kleinere Teile, ließ immer neue Partikel im Teller kreisen, die Gabel drehte und wendete kleine Stücke, sortierte ein und aus und stellte zusammen, verwarf, sortierte neu und hob nach Ermessen ein dezent gestaltetes Häufchen vom Teller ab. So sah man eine Bohne zum Schinken reisen, von dort zur Kartoffel und an den Rand zurück. Man sah die nächste Bohne gedreht und gewendet, zur Kartoffel geschoben und an den Rand zurück. Danach einen halben Spargel zur Bohne geschoben, dann zur Kartoffel in Beziehung gesetzt, von ihr getrennt und noch einmal zur Bohne geschoben, dann gutgeheißen und mit der Bohne verzehrt. Nebentätigkeit in reizvoller Konversation.

Ich sah sie kauen, sie kaute gedankenverloren, sie kaute und sprach, die Zähne voller Speisen. Sie redete über kalt gewordenen Tellern, vergaß, was sie aß, und aß keine Speise auf. Sie kaute endlos weiter und brauchte am längsten, es schien keine Rolle zu spielen, was sie aß. Sie genoss mit der Attitüde des Genießens, sie stellte sich essend als Genießende dar. Sie hielt für Genuss, was andere für Abschmecken halten. Der Glaube, genossen zu haben, war ihr Genuss. Gern aß sie in Gesellschaft ein wenig mit. Für sie Gekochtes fand sie als Geste schön. (S. 83 f.)

Zeigen Sie, wie Christoph Meckel mit Sprache Porträts seiner Mutter zeichnet. Welche Merkmale der Charakteristik lassen sich beobachten? Wie wird die Mutter charakterisiert?

«Suchbild. Über meinen Vater» im Kontext anderer Vater-Bücher

Das Buch über Eberhard Meckel hat sehr große Aufmerksamkeit gefunden und lebhafte Diskussionen ausgelöst. Dafür gibt es sicher mehrere Gründe: Zum einen hat Meckel seinen Vater als ‹exemplarischen Fall› des deutschen Schöngeists und Intellektuellen dargestellt, der sich in der Nazizeit blind und angepasst verhalten hat. Er hat dies darüber hinaus mit einer Schonungslosigkeit und Radikalität getan, die Aufsehen erregen musste und nicht überall akzeptiert wurde. Außerdem erschien das Buch zu einem Zeitpunkt, als die so genannten Vaterbücher in großer Zahl auf den literarischen Markt kamen.

Damit steht Meckels «Suchbild» in einem literarischen Kontext, der nicht wenige Rezensenten veranlasste, Vergleiche zu ziehen und einen Trend zur Vergangenheitsbewältigung bei den bereits älter gewordenen Nachfahren der ‹Nazi-Generation› zu sehen, der darin besteht, mit den Vätern abzurechnen.

Die Mehrzahl der Vaterbücher erschien um 1980, die Autoren sind zu dieser Zeit etwa im gleichen Alter (um die 40 Jahre alt), ihre Väter hatten die Nazizeit erlebt und waren oft in den Nationalsozialismus verstrickt. Dass die Abrechnung der Autoren mit ihren Vätern erst Jahrzehnte nach dem Kriegsende einsetzt, hat mit Verdrängung und Verschweigen zu tun, was in den Texten selbst thematisiert wird. Auch darin ist Meckels «Suchbild» symptomatisch.

Eine Systematisierung der Väter-Literatur hat Wulf Segebrecht in seinem Aufsatz «Christoph Meckels ‹Suchbild› unter anderen Vaterbildern» (in: Christoph Meckel. Hrsg. von Franz Loquai. Eggingen 1993, S. 78–96) vorgenommen. Er ordnet die Auseinandersetzung mit den Vätern in die deutsche Literaturgeschichte ein, erwägt die Gründe für die intensive Beschäftigung mit dem Vater in der deutschen Literatur um 1980, beschreibt die Kennzeichen dieser Väter-Literatur und geht vergleichend auf Meckels «Suchbild» ein. Seine Darstellung nimmt u. a. auf folgende Autoren und Texte Bezug:

Alfred Andersch (*Der Vater eines Mörders,* 1980), Ulla Berkéwicz (*Josef stirbt,* 1982), Barbara Bronnen (*Die Tochter,* 1980), Sigfrid Gauch (*Vaterspuren.* 1979), Peter Härtling (*Nachgetragene Liebe,* 1980), Peter Henisch (*Die kleine Figur meines Vaters,* 1975), Elisabeth Plessen (*Mitteilung an den Adel,* 1976), Ruth Rehmann (*Der Mann auf der Kanzel,* 1979), Jutta Schutting (*Der Vater,* 1980), Brigitte Schwaiger (*Lange Abwesenheit,* 1980), Günter Seuren (*Abschied von einem Mörder,* 1980) und Bernward Vesper (*Die Reise,* 1977).

In diesen Texten geht es (im Unterschied etwa zu den Vater-Sohn-Konflikten im Sturm und Drang und im Expressionismus) um Väter als «leibhaftige historische Personen», denen die Autoren u. a. mithilfe von Dokumenten auf die Spur kommen wollen. Es geht z. B. «um den Rechtsanwalt Heinrich Härtling, um Ruth Rehmanns Vater, der Pfarrer war, um die Ärzte Gauch und Schwaiger, um den Tierarzt Hans Schutting, um den Pressephotographen und Kriegsberichterstatter Walter Henisch, um die Schriftsteller Arnolt Bronnen, Will Vesper und Eberhard Meckel.» (Wulf Segebrecht, a.a.O., S. 82)

Die Väter, von denen diese Texte handeln, sind bereits tot oder sie sind hinfällig und liegen im Sterben. Die Töchter und Söhne versuchen in der sehr verspäteten Auseinandersetzung mit ihnen auch, sich ihrer eigenen Identität zu versichern. Wulf Segebrecht zitiert in diesem Zusammenhang Alexander Mitscherlich, der feststellte: «Den Vater überwinden wir im guten, indem wir liebend und verständnisvoll auf ihn als auf einen Menschen mit seinen eigentümlichen Zügen und Schwächen zurückblicken; im schlimmen, indem wir ihm hassend verbunden bleiben, mit dem Wunsch, nicht so, sondern anders zu sein. In jedem Fall bleibt er in uns, ist spürbarer, bejahter oder gemiedener Teil unserer eigenen Geschichte.» (Auf dem Weg zur vaterlosen Gesellschaft, 1963; zitiert nach der Neuausgabe München 1973, S. 344)

Der Blick zurück ist in diesen Büchern selten durch «nachgetragene Liebe» gekennzeichnet. Vielmehr wird den Vätern ihre Ideologieanfälligkeit, ihre Gewaltbereitschaft, ihr «normaler Weg in den Faschismus», und schließlich ihr Verdrängen und Verschweigen der eigenen Verstrickungen in den Nationalsozialismus vorgehalten.

Zweifellos geht dabei Christoph Meckel in «Suchbild. Über meinen Vater» besonders rigoros vor. Das bekräftigt er auch in dem 1986, also sechs Jahre nach der Publikation von «Suchbild» erstmals veröffentlichten «Bericht zu dem Buch ‹Suchbild. Über meinen Vater›» (s. o., S. 101 ff.).

Aber nicht nur wegen der provozierenden Radikalität nimmt Meckels Buch unter den Vaterbüchern eine «Sonderstellung» ein. Sein «Suchbild» ist gleichzeitig von großer poetischer Dichte, kurz, es ist «das weitaus provozierendste und ‹poetischste› unter diesen Vaterbüchern.» (Wulf Segebrecht, a.a.O., S. 92)

Wählen Sie eines der um 1980 erschienenen Vaterbücher zur Lektüre aus und vergleichen Sie es mit Meckels «Suchbild».

«Suchbild. Über meinen Vater» in der Literaturkritik

Das Erscheinen von Meckels «Suchbild. Über meinen Vater» hat einen wahren ‹Sturm im Blätterwald› ausgelöst. Es gab Hunderte von Rezensionen und Aufsätzen, in denen das Buch, oft zusammen mit anderer Väter-Literatur, die man als die «Sensation des literarischen Frühjahrs 1980» empfand, besprochen wurde. Meckels Buch wird dabei wiederholt als das interessanteste und das am meisten Aufsehen erregende unter den Vater-Büchern hervorgehoben. Es hat auch von allen Büchern Meckels die heftigsten Reaktionen in Zustimmung und Ablehnung erfahren. Beifall zollt man der Darstellung von Landschaften, von Personen, von sozialen Milieus, aber auch der Fähigkeit, ein heikles Thema mit sprachlicher Unbestechlichkeit und schonungsloser Aufrichtigkeit zu gestalten. Im Allgemeinen wird Meckels Anliegen, einen über das Private hinausgehenden Fall im Verhalten seines Vaters zu sehen und ihn als symptomatisch für die Geschichte einer Generation darzustellen, zustimmend zur Kenntnis genommen; das gleiche gilt für die Darstellung des autoritären Charakters in seiner zeittypischen Authentizität.

Allerdings gibt es auch Einwände gegen Meckels Vater-Buch, das als das genaueste, härteste und schonungsloseste unter den Vater-Büchern gilt. Da wird Meckel vorgehalten, er spiele sich als Richter auf und mache seinen Vater zum Gegenstand eines Verfahrens, man wohne als Leser einer Hinrichtung bei und sehe sich mit der Selbstgerechtigkeit dessen konfrontiert, der das spätere Wissen über das historische Unheil hat, das der Vater noch nicht haben konnte; da werde die persönliche Rechtschaffenheit mit der Frage nach der deutschen Schuld verknüpft und ein physisch und psychisch geschädigter Kriegsheimkehrer mitleidlos und unbarmherzig entlarvt. Selbstmitleid und eine gewisse Selbstgefälligkeit, kennzeichneten den Autor, so kann man lesen, der Defizite nur bei seiner Umgebung feststelle, sich aber nicht frage, was er selbst falsch gemacht hat; der Verständnis für sich fordere, den Vater aber meist ins Unrecht setze.

In den folgenden Rezensionen werden bedenkenswerte Positionen eingenommen, die bei der eigenen Urteilsbildung berücksichtigt werden können:

Ein Dokument, ein kleines Denkmal deutscher Irrwege

Der Vorzug des Buchs ist, daß es bei aller schmerzlichen Auseinandersetzung sachlich, nüchtern bleibt. Die Genauigkeit der Beobachtungen ist seine höchste Tugend. Die üblichen Anklagen der Söhne gegen die Welt der Väter, die oft etwas Larmoyantes, ja pubertär Überhebliches haben, sind hier nicht am Werk. Das Thema wird aber auch nicht, was bei Lyrikern naheliegt, poetisiert und in den Sprachnebeln schöner Prosa ins

Allgemeine des klassischen Vater-Sohn-Konflikts hochstilisiert. Meckel bleibt seinem Thema hart auf der Spur. Er beschreibt einen höchst individuellen Konflikt, einen eigentlich ganz undramatischen, eher bedauerlich-ärmlichen Fall. Er beschreibt den hochgemuten Aufbruch und das allmähliche Versickern, Versanden, dann Scheitern eines Vaters, den man bei aller Begabung als glücklos und nur von begrenztem Talent bezeichnen muß.

Er beschreibt das vor dem Hintergrund der Zeitgeschichte. Zwischen 1930 und 1960, also in einer hochdramatischen Epoche deutscher Geschichte, spielt dieses Stück dahinwelkender Existenz. Das Versagen der Väter, ihre Schwäche, ihre Schuld, die eigentlich nur in Blindheit, in lauer Abwehr und törichter Hoffnung bestand, sich irgendwie durchmogeln zu können – ich habe diese verkorksten Haltungsfehler deutschnationaler Bürgerlichkeit selten woanders so authentisch, so ganz ohne Besserwisserei und moralisierendes Pathos beschrieben gefunden. Ein fast mitfühlender Schmerz begleitet diese durchaus kalte Untersuchung. Man kann sie nicht Abrechnung, man muß sie Offenlegung nennen. (…)

Der Zufall hat es gewollt, daß ich Eberhard Meckel damals in dieser seiner Landschaft kennenlernte. Es war in Freiburg im Breisgau 1947. Wir beide begannen damals als freie Mitarbeiter im Kulturteil der eben begründeten «Badischen Zeitung» (…) Und obwohl solche privaten Erinnerungen für die Bewertung literarischer Texte wenig taugen, muß doch eingeräumt werden: Das Bild des Vaters, das der Sohn hier zeichnet, ist von verblüffender Genauigkeit und außerordentlicher Gerechtigkeit. Genauso war Eberhard Meckel, der Zeitgenosse damals: Ein in der Nazizeit soeben Davongekommener, ein im Krieg (durch Kopfschuß) Versehrter, der sich in die bergende Provinz gerettet hatte, dort tapfer und mühsam in feuilletonistischer Kleinarbeit das Brot für die Familie verdiente, dabei aber nichts von Heilung und wahrer Tröstung durch die Heimat und Landschaft erfuhr, sondern immer nur davon redete. Etwas war versiegt, erloschen in ihm. Er vertrocknete, erstarrte. Seine bürgerlich autoritären Züge verstärken sich als Familienvater so, daß der Sohn ihn zu meiden beginnt. (…) Christoph Meckel schreibt eine klare, helle Prosa, er verfügt über eine einfache Sprache, die genau trifft und zugleich Transparenz besitzt, um das dahinter Liegende, Ungesagte mitspürbar zu machen. Mit Ausnahme eines Kapitels, das expressiv zu sehr ins Lyrische verrutscht, ist dies eine nüchtern beschreibende und genau analysierende Prosa. (…)

«Suchbild» ist so auch ein Beitrag zur Zeitgeschichte, ein Dokument, ein kleines Denkmal deutscher Irrwege. Es ist aber vor allem ein Buch der Befreiung. Es ist ein entscheidender Reifungsschritt für den Autor, von dem wir, so darf man vermuten, noch Wichtiges zu erwarten haben.

(Horst Krüger, FAZ, 1. April 1980, gekürzt)

Vaterbild und Sohnesreife

Dieser «Bericht» steht inzwischen an der Spitze der «Besten-Liste» des Südwestfunks. Man weiß aber auch bei längerer Beschäftigung mit ihm nicht, was Meckel in Wahrheit dazu bewogen hat, über seinen Vater zu schreiben und *so* über ihn zu schreiben. Was ihn dazu zwang, den ‹defizitären Bodensatz› in schöne Sprache zu kleiden, als gehe es ihm nicht zuletzt auch um die Herstellung eines Kunstwerks: «Ich habe nichts zur Person erfunden, aber ausgewählt und zusammengefasst (unmöglich, darzustellen ohne Bewertung). Ich habe Sätze gemacht, also: Sprache erfunden. Die Erfindung offenbart und verbirgt den Menschen.» Das sind, ob der Autor es wahrhaben will oder nicht, verräterische Sätze. Die eigentlichen Beweggründe, die zu dieser «Abrechnung» geführt haben, gehen den Leser nichts an. Was ihn aber angeht, ist das Resultat, ist das Buch, dem es, bis in die Diktion, an jeglicher Güte und menschlichem Verständnis mangelt, dem jenes Zögern fehlt, das auf Betroffenheit schließen ließe und auch auf Scham. Was den Leser etwas angeht, sind ferner die willkürlich zusammengetragenen «Beweisstücke», die über dieses Leben im Grunde sehr wenig sagen; es ist die erstaunliche Torheit, die sich in den Vorwürfen äußert, die der Jüngere dem Älteren macht. (...) Der Text verrät einen Mangel an menschlichem Einfühlungsvermögen, selbst wenn man der Meinung sein sollte, hier handele es sich nicht um einen «Privatfall». In den Briefen Hermann Hesses nach dem Ersten Weltkrieg ist mehrfach die Rede davon, dass er es fatal finde, wenn die jungen Leute in Deutschland jetzt die Schuld bei den Älteren suchen. Diese Feststellung hat bis heute nichts von ihrer Gültigkeit verloren. Die Auseinandersetzung mit dem Vater ist ein bedeutendes literarisches Thema. Das Bild des Vaters ist auch vom Erwachsensein des Sohnes abhängig.

(Franz Schonauer, Neue Deutsche Hefte, Heft 3, 1980, S. 576–579, gekürzt)

Von einem, der Hitler gar nicht gewählt hatte

«Suchbild», ein schonungsloses, ein unerbittliches Buch; ein Buch, das Eberhard Meckel, lebte er noch, umbringen könnte. Der in seiner Heimatstadt Freiburg im Breisgau als Persönlichkeit des kulturellen Lebens und wackerer Demokrat geachtete Ehrenmann würde es kaum ertragen haben, seine verdrängte Vergangenheit ans Licht der Öffentlichkeit gezogen zu sehen, noch dazu vom eigenen, geliebten Sohn. Niemand weiß das besser als dieser, aber er scheint sich kein Gewissen daraus zu machen. Im Gegensatz zu manch anderen (weniger) kritischen Vater-Beschreibern, die wortreich klagen, wie sehr es sie quäle, das Gebot der Pietät übertreten zu müssen, gibt sich der Tabu-Verletzer Christoph

Meckel kühl bis ans Herz hinan. Weil er wirklich keine Skrupel kennt? Oder weil sie so groß sind, dass er es sich nicht leisten kann, sie öffentlich auszustellen? Knapp, fast barsch, so als wolle er befürchteten Einwänden vorbauen, proklamiert Christoph Meckel die Notwendigkeit seines ungeheuerlichen Unternehmens: Der Fall seines Vaters, sagt er, sei «nicht länger privat». Diese Behauptung musste er beweisen. Eine andere Chance, die Veröffentlichung des Buches zu rechtfertigen, hatte er nicht. Sie war klein, verglichen mit dem Risiko, das er um ihretwillen eingegangen ist. Umso mehr wiegt die Tatsache, dass er sie zu realisieren vermochte. Er hat das Andenken seines Vaters nicht zynisch verraten, sondern einer bitteren Wahrheit geopfert, die er anders als hier geschehen, nicht hätte zum Vorschein bringen können. (...)

Kein extremer, ein exemplarischer Fall wird hier dargestellt: die Lebenstragödie eines Menschen, der durch Herkunft, Begabung und Bildung begünstigt schien und doch seine Selbstverwirklichung verfehlte. Als junger Mann erlag er einem Irrtum, den er bis zu seinem Tod nicht als solchen erkannte. Eberhard Meckel, der Hitler nicht gewählt hatte und der immerhin die Courage besaß, der wiederholten Aufforderung, in die Nazi-Partei einzutreten, nicht nachzukommen, arrangierte sich dennoch mit den «Gegebenheiten». Und das tat er ohne schlechtes Gewissen. Dem apolitischen Ästheten, dem bloß der «Stil» der Nazis missfiel, kam es ganz einfach nicht in den Sinn, als der Humanist und «Mann des Geistes», der er doch sein wollte, auf ihre verbrecherischen «Maßnahmen» zu reagieren. Er sah und hörte weg, wie viele seinesgleichen. (...)

Die Bewältigung der Vergangenheit fand nicht statt, und folglich gab es für Eberhard Meckel auch keinen neuen Anfang. In allem, was er schrieb, sparte er sich aus. Als unendlich fleißiger journalistischer Brotarbeiter ernährte er seine Familie. Er rief einen Freiburger Literaturkreis ins (konservative) Leben, engagierte sich als Gegner der Atombombe und für die SPD. Aber hinter all dem stand nach Christoph Meckels Interpretation nur der Wunsch nach Anerkennung, das Bedürfnis nach Kompensation des Ich-Verlustes. Als sie ausblieb, begann die Agonie. 62-jährig starb Eberhard Meckel an Herzversagen (...).

(Wolfgang Werth, SZ, 2. April 1980, gekürzt)

Die Wahrheit über Eberhard Meckel

Christoph Meckel bedient sich in diesem Buch zahlreicher Sprachformen, ist Erzähler und Analytiker, Satiriker und Lyriker. Sein bei aller Klarheit farbenreicher, lebhafter Wortschatz kontrastiert wirkungsvoll mit einem betont schlichten Satzbau, gekennzeichnet vor allem durch das oft verwendete Stilmittel der Aufzählung: aneinander gereihte

Sätze, in den ersten Kapiteln immer beginnend mit den Worten «es gibt ...», später in auffallendem Gegensatz dazu mit der Feststellung «es fehlte ...».

«Suchbild» endet nicht – wie zu erwarten wäre – mit dem Tod des Vaters. Der Verfasser lässt seinem authentischen Bericht eine märchenartige Nachgeschichte folgen, bringt nun, außerhalb der Chronik, fiktive Elemente ins Spiel. In einer Allegorie beschreibt er seinen Vater als Kind, das, gleichsam in einem umgekehrten Schöpfungsakt, die gesamte Welt verkleinert, den Erdball zusammenschrumpfen lässt bis an die Grenze der Sichtbarkeit und diesen handlich gewordenen Kosmos in die Gondel eines Ballons verpackt. Das Gleichnis fasst den Charakter Eberhard Meckels zusammen, steht für die «Verengung seines Wesens», seine Sehnsucht nach dem Idyll, seine Weigerung, in die Welt, in die Zeit hinauszugehen, sich ihr zu stellen, seine Angst davor, seine Flucht in die vertraute Beschränkung.

Auffällig in dieser Allegorie ist die Betonung der Zahl «sieben», Hinweis auf die Geschichte der Schöpfung, die hier zurückgenommen wird (...)

(Ellen Leykam, Weser-Kurier, Bremen, 23. Januar 1981, gekürzt)

Diskutieren Sie die Vorzüge und die Bedenken, die zum «Suchbild» vorgebracht werden können; geben Sie ein eigenes Urteil zu dem Buch ab.

Zeittafel

Christoph Meckel, geboren am 12. 6. 1935 in Berlin als Sohn des Schriftstellers und Johann-Peter-Hebel-Forschers Eberhard Meckel.

In Freiburg i. Br. wuchs Meckel auf, erlebte 1944 die Zerstörung der Stadt. Gymnasium bis Ende Unterprima.

Reisen durch Deutschland, Europa, Afrika und Amerika.

1954/55 Grafikstudium, 1954/56 in Freiburg und München.

1959 erster Grafikband.

Lebte lange Zeit teils im südbadischen Oetlingen im Markgräflerland, teils in Berlin, auf Korsika, in Südfrankreich, wieder in Berlin und in der Toskana.

Gastprofessuren in den USA.

1988/89 Frankfurter Poetikdozentur.

Meckel lebt in Berlin, Freiburg und in Südfrankreich.

Er hat viele angesehene Literaturpreise erhalten.

© Jürgen Bauer

Werkübersicht

Das folgende Verzeichnis führt nur eine Auswahl der literarischen Werke Meckels an. Meckel hat darüber hinaus sehr viele Graphikbücher publiziert. Ein vollständiges Verzeichnis aller Buchveröffentlichungen Meckels bis 2000 bietet die folgende Bibliographie: Wulf Segebrecht: Christoph Meckels Bücher. Ein bibliographisches Verzeichnis. Zweite, revidierte und ergänzte Auflage. Bamberg 2000 (= Fußnoten zur Literatur 33).

Tarnkappe. Gedichte. München 1956; *Hotel für Schlafwandler.* Gedichte. Stierstadt/Ts.1958; *Nebelhörner.* Gedichte. Stuttgart 1959; *Manifest der Toten.* Prosa. Stierstadt/Ts. 1960; *Im Land der Umbramauten.* Prosa. Stuttgart 1961; *Wildnisse.* Gedichte. Frankfurt a. M. 1962; *Tullipan.* Berlin 1965; *Die Noticen des Feuerwerkers Christopher Magalan.* Berlin 1966; *Der glückliche Magier.* Erzählungen. Baden-Baden 1967; *Bei Lebzeiten zu singen.* Gedichte. Berlin 1967; *Die Balladen des Thomas Balkan.* Berlin 1969; *Werkauswahl.* München 1971; *Lieder aus dem Dreckloch.* Gedichte. Stierstadt/Ts. 1972; *Verschiedene Tätigkeiten.* Geschichten, Bilder und Gedichte. Stuttgart 1972; *Kranich.* Erzählungen. Stierstadt/Ts. 1973; *Bockshorn.* Roman. München 1973; *Wen es angeht.* Gedichte. Düsseldorf 1974; *Die Gestalt am Ende des Grundstucks.* Prosa. Düsseldorf 1975; *Nachtessen,* Gedichte. Berlin 1975; *Flaschenpost für eine Sintflut.* Gedichte und Prosa. Berlin 1976; *Licht.* Erzählung. München 1978; *Säure.* Gedichte. Düsseldorf 1979; *Ausgewählte Gedichte 1955–1978.* Königstein/Ts. 1979; *Suchbild. Über meinen Vater.* Düsseldorf 1980; *Nachricht für Baratynski.* Prosa. München 1981; *Der wahre Muftoni.* Prosa. München 1982; *Ein roter Faden.* Ges. Erzählungen. München 1983; *Souterrain.* Gedichte. München 1984; *Plunder.* Prosa. München 1986; *Anzahlung auf ein Glas Wasser.* Gedichte. München 1987; *Das Buch Jubal.* Gedichte. Düsseldorf 1987; *Hundert Gedichte.* München 1988; *Von den Luftgeschäften der Poesie.* Frankfurter Vorlesungen. Frankfurt a. M. 1989; *Die Messingstadt.* Roman. München 1991; *Shalamuns Papiere.* Roman. München 1992; *Eine Hängematte voll Schnee.* Erzählungen. Berlin 1995; *Ein unbekannter Mensch. Erzählung.* München 1997; *Komm in das Haus.* Gedichte. München/Wien 1998; *Dichter und andere Gesellen.* Essays. München/Wien 1998; *Zähne.* Gedichte. München/Wien 2000; *Blut im Schuh.* Gedichte. Lüneburg 2001; *Suchbild. Meine Mutter.* München/Wien 2002; *Nacht bleibt draußen und trinkt Regen.* Erzählung. Passau 2002; *Ungefähr ohne Tod im Schatten der Bäume.* Ausgewählte Gedichte. München/Wien 2003; *Perlesöd.* Erzählung. Passau 2004; *Einer bleibt übrig, damit er berichte.* Erzählungen. München/Wien 2005.

Literaturnachweise

Hilde Domin: Eine besondere Totenklage. In: Ursula Segebrecht und Wulf Segebrecht (Hrsg.): Rede vom Gedicht. Interpretationen zu Gedichten von Christoph Meckel. Bamberg 2005, S. 64–68 (= Fußnoten zur Literatur 54). Zuerst in: Frankfurter Allgemeine Zeitung, 7. Dezember 1974.

Günter Eich: Gesammelte Werke in vier Bänden. Revidierte Ausgabe. Hrsg. von Axel Vieregg. Frankfurt am Main 1991, Bd. 1: Die Gedichte. Die Maulwürfe.

Herbert Glossner: Christoph Meckel. In: Kritisches Lexikon zur deutschsprachigen Gegenwartsliteratur. Hrsg. von Heinz Ludwig Arnold. 76. Nachlieferung, 3/04.

Wilhelm Haefs: Meckel, Eberhard. In: Walther Killy (Hrsg.): Literatur Lexikon. Autoren und Werke deutscher Sprache. Bd. 8, Gütersloh/München 1990, S. 44 f.

Peter Huchel: Gesammelte Werke in zwei Bänden. Hrsg. von Axel Vieregg. Frankfurt am Main 1984, Bd. 1: Die Gedichte.

Horst Krüger: Ein Dokument, ein kleines Denkmal deutscher Irrwege. In: Frankfurter Allgemeine Zeitung, 1. April 1980.

Ellen Leykam: Die Wahrheit über Eberhard Meckel. In: Weser-Kurier, 23. Januar 1981.

Annemarie Meckel: Das Bild des Gefangenen. Tagebuchauszüge 1944–1947. Freiburg im Breisgau 1982.

Christoph Meckel: Erinnerung an Johannes Bobrowski. Düsseldorf 1978.

Christoph Meckel: Suchbild. Über meinen Vater. München/Wien 1980.

Christoph Meckel: Nachricht für Baratynski. München 1981.

Christoph Meckel im Gespräch mit Ralph Schock. CD der Rundfunksendung ‹Literatur im Gespräch›, Saarländischer Rundfunk, 9. Februar 1996.

Christoph Meckel: Ein unbekannter Mensch. Bericht. München/Wien 1997.

Christoph Meckel: Bericht zu dem Buch ‹Suchbild/Über meinen Vater›. In: C. M.: Dichter und andere Gesellen. München/Wien 1998, S. 25–30. – Zuerst in: Neue Sammlung, 26. Jg., Heft 3, Stuttgart 1986.

Christoh Meckel: Suchbild. Meine Mutter. München/Wien 2002.

Eberhard Meckel: Gesammelte Gedichte. Wiesbaden 1949.

Eberhard Meckel: Vom Traume nicht verschont. Gedichte und Prosa. Eine Auswahl. Hrsg. von Walter Jacobi. Mit einem Vorwort von Albrecht Goes. Waldkirch 1987.

Christoph Meckel: Verschiedene Tätigkeiten. Geschichten, Bilder und Gedichte. Hrsg. von Wulf Segebrecht. Stuttgart 1972.

Alexander Mitscherlich: Auf dem Weg zur vaterlosen Gesellschaft. München 1973.

Franz Schonauer: Vaterbild und Sohnesreife. In: Neue Deutsche Hefte, 1980 Heft 3, S. 576–579.

Wulf Segebrecht: Christoph Meckels ‹Suchbild› unter anderen Vaterbildern. In: Christoph Meckel. Hrsg. von Franz Loquai. Eggingen 1993, S. 78–96.

Wulf Segebrecht: Christoph Meckels Bücher. Ein bibliographisches Verzeichnis. Zweite, revidierte und ergänzte Auflage. Bamberg 2000 (= Fußnoten zur Literatur 33).

Wolfgang Werth: Von einem, der Hitler gar nicht gewählt hatte. In: Süddeutsche Zeitung, 2. April 1980.